感谢折磨你的人

GANXIE ZHEMO NI DE REN

邢群麟　柳絮恒 ◎ 编著

光明日报出版社

图书在版编目（CIP）数据

感谢折磨你的人 / 邢群麟，柳絮恒编著 . -- 北京：光明日报出版社，2013.4（2019.5 重印）

ISBN 978-7-5112-4514-4

Ⅰ . ①感… Ⅱ . ①邢… ②柳… Ⅲ . ①成功心理—通俗读物 Ⅳ . ① B848.4-49

中国版本图书馆 CIP 数据核字（2013）第 082414 号

感谢折磨你的人

GANXIE ZHEMO NI DE REN

编　　著：邢群麟　柳絮恒

责任编辑：靳鹤琼　谢广灼　　责任校对：王腾达

封面设计：青蓝工作室　　责任印制：曹　净

出版发行：光明日报出版社

地　　址：北京市西城区永安路 106 号，100050

电　　话：010-67022197（咨询），67078870（发行），67019571（邮购）

传　　真：010-67078227，67078255

网　　址：http://book.gmw.cn

E - mail：lijuan@gmw.cn

法律顾问：北京德恒律师事务所龚柳方律师

印　　刷：北京朝阳新艺印刷有限公司

装　　订：北京朝阳新艺印刷有限公司

本书如有破损、缺页、装订错误，请与本社联系调换，电话：010-67019571

开　　本：145mm × 215mm　　印　　张：12

字　　数：110 千字

版　　次：2013 年 4 月第 1 版

印　　次：2019 年 5 月第 3 次印刷

书　　号：ISBN 978-7-5112-4514-4

定　　价：29.80 元

前　言

人们往往把外界的折磨看作人生中纯粹消极的、应该完全否定的东西。但是，人生中的折磨，它总是完全消极的吗？清代著名文学家金兰生在《格言联璧》中写道："经一番挫折，长一番见识；容一番横逆，增一番气度。"由此可见，那些挫折和横逆的折磨对人生不但不是消极的，还是一种促进你成长的积极因素。如果你想出人头地，就必须调整自己对所受折磨的想法，让积极的想法代替消极的看法，如此，才能看见自己生命的阳光。每个人都必须毫无抱怨地接受并感恩折磨，因为正是生命中的折磨激发我们靠着自己的力量，建筑起坚固的信念。当这一切转化为动力时，也正是我们实现目标的重要时刻。法国文豪罗曼·罗兰曾说："从远处看，人生的不幸折磨还很有诗意呢！一个人最怕庸庸碌碌地度过一生。"

很多人害怕遭受折磨，其实折磨与幸福看似相反的东西，却有一个最大的共同之处，就是都直接和灵魂有关，并且都牵涉到对生命意义的评价。在通常情况下，我们的灵魂是沉睡着的，一旦我们感到幸福或遭到折磨时，它便醒来了。如果说幸福是灵魂的巨大愉悦，这愉悦源自对生命的美好意义的强烈感受，那么，折磨之为折磨，正在于它能够撼动生命的根基，打击了人对生命意义的信心，因而使人的肉体和灵魂陷入了巨大痛苦。生命中所经历的一切，无论是值得肯定还是怀疑、否定，只要是真切的，就必定是灵魂在出场。外部的事件再悲惨，如果它没有震撼灵魂，不成为一个精神事件，就称不上折磨。一种东西能够把灵魂震醒，使之处于虽然痛苦却富有生机的紧张状态，它必然具有某种精神价值。当你不断遭受折磨，你的灵魂也在不断的折磨中不断升华，最终，你将在不断的进步中趋近完美的人生。

成功者往往是在巨大的折磨中诞生的，他们常常把折磨当作一种历练、一种激励、一种教训……

折磨是成功的阶梯，是人生最好的老师。只要在折磨中看到积极的一面，一个人就会在折磨中走向成功。

一个真正的成功者，能够忍受折磨。你只有感谢曾经折磨过自己的人或事，才能体会出那实际上短暂而有风险的生命意义；你只有懂得宽容自己不可能宽容的人，才能看见自己心中的辽阔，才能重新认识自己……如果你现在还在遭受这样那样的折磨，你就该庆幸，因为命运给了你一次战胜自我、升华自我的机会。换一种眼光来看待这些折磨吧，感谢那些在工作和生活中折磨你的人，你就会获得幸福。因为折磨是上苍送给你的礼物，感恩是你对世界的馈赠，懂得感谢折磨你的人是一种真正的智慧。本书以生动的事例，从心态、事业、生活、工作、爱情、亲情、友情、财富、竞争等诸多方面，教会读者面对折磨自己的人时，不是在愤恨、抱怨中自暴自弃，更不要以牙还牙地报复，而是把折磨转化为激励自己前进的动力，踏踏实实地做事，在逆境中积蓄力量，徐图进取，最终取得成功。

目录

第三章　人生没有真正的难题

第四章　激发生命潜能，开创美丽人生

第五章　信念在挫折中闪光

第八章　失败往往是成功的开始

第九章　感谢在工作中折磨你的人

第十章　感激对手，有利于提高自己

第十一章　感恩磨难，生气不如争气

第十二章　爱，就是谁先为谁低头

第十三章　方法总比问题多

第一章
从现在开始，感谢折磨你的人

为什么要感谢折磨你的人

学会感谢折磨自己的人，才能够真正领悟成功的真谛。

人生活在这个世界上，总会经历这样那样的烦心事，这些事总是会折磨人的心，使人不得安稳。

生命是一次次的蜕变过程。唯有经历各种各样的折磨，才能拓展生命的厚度。通过一次又一次与各种折磨握手，历经反反复复几个回合的较量，人生的阅历就在这个过程中日积月累，不断丰富。

在人生的岔道口，若你选择了一条平坦的大道，你可能会有一个舒适而享乐的青春，但你就会失去一个很好的历练机会；若你选择了坎坷的小路，你的青春也许会充满痛苦，但人生的真谛也许就此被你打开。

蝴蝶的幼虫是在一个洞口极其狭小的茧中度过的。当它的生命要发生质的飞跃时，这个狭小的通道对它来讲无疑如同鬼门关，那娇嫩的身躯必须竭尽全力才可以破茧而出。许多幼虫在往外冲杀的时候力竭身亡，不幸成了飞翔的祭品。

有的人动了恻隐之心，企图将那幼虫的生命通道修得宽阔一些，他用剪刀把茧的洞口剪大。这样一来，所有受到帮助而见到天日的蝴蝶都不是真正的飞行精灵——它们无论如何也飞不起来，只能拖着丧失了飞翔功能的双翅在地上笨拙地爬行！原来，那“鬼门关”般的狭小茧洞恰恰是帮助蝴蝶幼虫两翼成长的关键所在，穿越的时候，通过用力挤压，血液才能被顺利输送到蝶翼的组织中去；唯有两翼充血，蝴蝶才能振翅飞翔。人为地将茧洞剪大，蝴蝶的翼翅就没有了充血的机会，爬出来的蝴蝶便永远与飞翔绝缘。

成长的过程恰似蝴蝶的破茧过程，在痛苦的挣扎中，意志得到磨炼，力量得到加强，心智得到提高，生命在痛苦中得到升华。当你从痛苦中走出来时，就会发现，你已经拥有了飞翔的力量。如果没有挫折，也许就会像那些受到“帮助”的蝴蝶一样，萎缩了双翼，平庸一生。

有个渔夫有着一流的捕鱼技术，被人们尊称为“渔王”。依靠捕鱼所得的钱，“渔王”积累了一大笔财富。然而，年老的“渔王”却一点也不快活，因为他三个儿子的捕鱼技术都极其平庸。

于是他经常向人倾诉心中的苦恼：“我真想不明白，我捕鱼的技术这么好，我的儿子们为什么这么差？我从他们懂事起就传授捕鱼技术给他们，从最基本的东西教起，告诉他们怎样织网最容易捕捉到鱼，怎样划船最不会惊动鱼，怎样下网最容易请鱼入瓮。他们长大了，我又教他们怎样识潮汐，辨鱼汛……凡是我多年来辛辛苦苦总结出来的经验，我都毫无保留地传授给他们，可他们的捕鱼技术竟然赶不上技术比我差的其他渔民的儿子！”

一位路人听了他的诉说后，问：“你一直手把手地教他们吗？”

“是的，为了让他们学会一流的捕鱼技术，我教得很仔细、很耐心。”

“他们一直跟随着你吗？”

“是的，为了让他们少走弯路，我一直让他们跟着我学。”

路人说：“这样说来，你的错误就很明显了。你只是传授给了他们技术，却没有传授给他们教训，对于才能来说，没有教训与没有经验一样，都不能使人成大器。”

是啊，渔夫的儿子们从来都没有经受一点挫折的折磨，他们怎么会获得成长呢？

人生其实没有弯路，每一步都是必须。所谓失败、挫折并不可怕，正是它们才教会我们如何寻找到经验与教训。如果一路都是坦途，那只能像渔夫的儿子那样，沦为平庸之辈。

没有经历过风霜雨雪的花朵，无论如何也结不出丰硕的果实。或许我们习惯羡慕他人的成功，感叹他人得到的掌声，但是别忘了，温室的花朵注定要失败。正所谓“台上十分钟，台下十年功”，在他们光荣的背后一定有汗水与泪水共同浇铸的艰辛。

所以，一个成功的人，一个有眼光和思想的人，都要学会感谢折磨自己的人，唯有以这种态度面对人生，才能算真正的成功。

生活在折磨中升华

只有历经折磨的人，才能够更快、更好地成长。生活，只能在折磨中得到升华。

自从人被赶出了伊甸园，人的日子就不好过了。在人的一生当中，总会遇到失业、失恋、离婚、破产、疾病等厄运，即使你比较幸运，没有遭遇以上那些厄运，你也可能要面临升学压力、工作压力、生活压力等各种烦心事，这些事在人生的某一时期萦绕在你的周围，时时刻刻折磨着你的心灵，使你寝食难安。

法国作家杜伽尔说过这样一句话："不要妥协，要以勇敢的行动，克服生命中的各种障碍。"

被誉为"经营之神"的松下幸之助并不是社会的一个幸运儿，不幸的生活却促使他成为一个永远的抗争者。家道中落的松下幸之助9岁起就去大阪做一个小伙计，父亲的过早去世使得15岁的他不得不担负起生活的重担，寄人篱下的生活使他过早地体验了做人的艰辛。

1910年，松下幸之助独自来到大阪电灯公司做一名室内安装电线练习工，一切从头学起。不久，他诚实的品格和上乘的服务赢得了公司的信任。22岁那年，他晋升为公司最年轻的检验员。就在这时，他遇到了人生最大的挑战。

松下幸之助发现自己得了家族病，已经有9位家人在30岁前因为家族病离开了人世，这其中包括他的父亲和哥哥。当时的境况使他不可能按照医生的吩咐去休养，只能边工作边治疗。他没了退路，反而对可能发生的事情有了充分的精神准备，这也使他形成了一套与疾病作斗争的办法：不断调整自己的心态，以平常之心面对疾病，调动机体自身的免疫力、抵抗力与病魔斗争，使自己保持旺盛的精力。这样的过程持续了一年，他的身体也变得结实起来，内心也越来越坚强，这种心态也影响了他的一生。

患病一年以来的苦苦思索，希望改良插座得到公司采用的愿望受挫的打击，使他下决心辞去公司的工作，开始独立经营插座生意。

松下电器公司不是一个一夜之间成功的公司。创业之初，正逢第一次世界大战，物价飞涨，而松下幸之助手里的所有资金还不到 100 日元，困难可想而知。公司成立后，最初的产品是插座和灯头，然而当千辛万苦才生产出来的产品遇到棘手的销售问题时，工厂竟到了难以为继的地步，员工相继离去，松下幸之助的境况变得很糟糕。

但他把这一切都看成创业的必然经历，他对自己说："再下点功夫，总会成功的！已有更接近成功的把握了。"他相信：坚持下去取得成功，就是对自己最好的报答。功夫不负有心人，生意逐渐有了转机，直到 6 年后拿出第一个像样的产品，也就是自行车前灯时，公司才慢慢走出了困境。

1945 年，日本的战败使得松下幸之助变得几乎一无所有，剩下的是到 1949 年时达 10 亿日元的巨额债务。为抗议把公司定为财阀，松下幸之助不下 50 次去美军司令部进行交涉，其中辛苦自不必言。

一次又一次的打击并没有击垮松下幸之助，他享年 94 岁高龄，这也向人们表明，一个人只有从心理上、道德上成熟起来时，他才可以长寿。他之所以能够走出遗传病的阴影，安然渡过企业经营中的一个个惊涛骇浪，得益于他永葆一颗年轻的心，并能坦然应对生活中各种挫折的折磨。松下幸之助说过："你只要有一颗谦虚和开放的心，你就可以在任何时候从任何人身上学到很多东西。无论是逆境或顺境，坦然的处世态度，往往会使人更聪明。"

人生在天地之间，就要面临各种各样的压力，这些压力对人形成一种无形的折磨，使很多人觉得人生在世就是一种苦难。

其实，我们远不必这么悲观，生活中有各种各样的折磨人的事，但是生命不一直在延续吗？人类不也一直在前进吗？很多事情当我们回过头来再去看的时候，就会发现，生命历经折磨以后，反而更加欣欣向荣。

事实就是这样，没有经过风雨折磨的禾苗永远不能结出饱满的果实；没有经过折磨的雄鹰永远不能高飞；没有经过折磨的士兵永远不会当上元帅；没有被老板、上司折磨过的员工也永远不能提高业务能力……这就是自然界告诉我们的一个很简单的道理：一切事物如果想要变得更强，必须经过折磨。

人也一样，只有历经折磨的人，才能够更快、更好地成长。生活，永远只能在折磨中得到升华。

给自己一个突破自我的机会

一个人不管你想要在哪个方面获得成功，也不管你能够获得成功的条件和环境有多么好，如果你不能突破自我便不能成功。

伏尔泰说："不经历巨大的痛苦，不会有伟大的事业。"我们每做一件事，都会在自我心中形成一个障碍，直至完成，这些障碍都会一直存在，很多人因此而陷入失败。

很多人花费许多力气去找寻"无法成功"的原因，其实他们不知道自我设限就是主要原因。

因此，在面临生活中这样那样的不如意时，不妨将这些不如意当作一次突破自我的机会，勇敢地跨越自我的极限，生命就会更上一层楼。

禅宗典籍《五灯会元》上曾记载这样一则故事：德山禅师在尚未得道之时曾跟着龙潭大师学习，日复一日地诵经苦读让德山有些忍耐不住。一天，他跑来问师父："我就是师父翼下正在孵化的一只小鸡，真希望师父能从外面尽快地啄破蛋壳，让我早日破壳而出啊！"

龙潭笑着说："被别人剥开蛋壳而出的小鸡，没有一个能活下来的。母鸡的羽翼只能提供让小鸡成熟和有破壳力的环境，你突破不了自我，最后只能胎死腹中。不要指望师父能给你什么帮助。"

德山听后，满脸迷惑，还想开口说些什么，龙潭说："天不早了，你也该回去休息了。"德山撩开门帘走出去时，看到外面非常黑，就说："师父，天太黑了。"龙潭便给了他一支点燃的蜡烛，他刚接过来，龙潭就把蜡烛熄灭，并对德山说："如果你心头一片黑暗，那么，什么样的蜡烛也无法将其照亮啊！即使我不把蜡烛吹灭，说不定哪阵风也要将其吹灭！只有点亮心灯一盏，天地自然一片光明。"

德山听后，如醍醐灌顶，后来果然青出于蓝，成了一代大师。

鹰是世间寿命最长的鸟类，它一生的年龄可达70岁。在40岁时，它如果要继续活下去，必须经历一次痛苦的重生。

当鹰活到40岁时，它的爪子开始老化，不能有力地抓住猎物。它的喙开始变得又长又弯，几乎触到胸膛。它的翅膀也开始变得沉重，因为它的羽毛长得又浓又厚，飞翔都显得有些吃力。

这时它只有两种选择：等死，或开始一次痛苦的重生——150天漫长的折磨。它必须很卖力地飞到山顶，在悬崖上筑巢，停留在那里，不能飞翔。

鹰首先用它的喙击打岩石，直到喙完全脱落。然后静静地等待新的喙长出来。它会用新长出的喙把指甲一根一根地拔出来。

当新的指甲长出来后，就再把羽毛一根一根地拔掉。5个月以后，新的羽毛长出来了，鹰经历了一次再生。

如果40岁的鹰选择逃避，那么等待它的就是生命的枯萎，它唯有选择经历苦痛，生命才得以再生。重生与成功的道路上注定会荆棘密布。

人生道路上，每一次辉煌的背后肯定都有一个凤凰涅槃的故事，世上没有不弯的路，人间没有不谢的花。折磨原本就是生命旅途中一道不可或缺的风景。生命，总是在各种各样的折磨中茁壮成长。

错过花朵，你将收获雨滴

如果你为错过太阳而哭泣，那么你将会错过群星。因此，不要再为错过而惋惜了，看看你能收获什么。

生活中有一种痛苦叫错过。人生中一些极美、极珍贵的东西，常常与我们失之交臂，这时的我们总会因为错过美好而感到遗憾和痛苦。其实喜欢一样东西不一定非要得到它，俗话说："得不到的东西永远是最好的。"当你为一份美好而心醉时，远远地欣赏它或许是最明智的选择，错过它或许还会给你带来意想不到的收获。

美国的哈佛大学要在中国招一名学生，这名学生的所有费用由美国政府全额提供。初试结束了，有30名学生成为候选人。

考试结束后的第10天，是面试的日子。30名学生及其家长云集锦江饭店等待面试。当主考官劳伦斯·金出现在饭店的大厅时，一下子被大家围了起来，他们用流利的英语向他问候，有的甚至还迫不及待地向他做自我介绍。这时，只有一名学生，由于起身晚了一步，没来得及围上去，等他想接近主考官时，主考官的周围已经是水泄不通了，根本没有插空而入的可能。

于是他错过了接近主考官的大好机会，他觉得自己也许已经错失了机会，于是有些懊丧。正在这时，他看见一个异国女人有些落寞地站在大厅一角，目光茫然地望着窗外，他想："身在异国的她是不是遇到了什么麻烦？不知道自己能不能帮上忙？"于是他走过去，彬彬有礼地和她打招呼，然后向她做了自我介绍，最后他问道："夫人，您有什么需要我帮助的吗？"接下来两个人聊得非常投机。

后来这名学生被劳伦斯·金选中了，在30名候选人中，他的成绩并不是最好的，而且面试之前他错过了跟主考官套近乎，加深自己在主考官心目中印象的最佳机会，但是他却无心插柳柳成荫。原来，那位异国女子正是劳伦斯·金的夫人，这件事曾经引起很多人的震动：原来错过了美丽，收获的并不一定是遗憾，有时甚至可能是圆满。

因此，在你感觉到人生处于最困顿的时刻，也不要为错过而惋惜。失去的折磨会带给你意想不到的收获。花朵虽美，但毕竟有凋谢的一天，请不要再对花长叹了，因为可能在接下来的时间里，你将收获雨滴。

感谢折磨你的人就是在感恩命运

学会感谢那些在工作中、生活中折磨你的人。唯有感谢，你才能领悟到折磨对你的价值所在。

面对人生中各种各样的不顺心事，你要保持感谢的态度，因为唯有折磨才能使你不断地成长。法国启蒙思想家伏尔泰说：“人生布满了荆棘，我们晓得的唯一办法是从那些荆棘上面迅速踏过。”人生是不平坦的，但同时也说明生命正需要磨炼。“燧石受到的敲打越厉害，发出的光就越灿烂。”正是这种敲打才使它发出光来，因此，燧石需要感谢那些敲打。人也一样，感谢折磨你的人，你就是在感恩命运。

美国独立企业联盟主席杰克·弗雷斯从 13 岁开始就在他父母的加油站工作。弗雷斯想学修车，但他父亲让他在前台接待顾客。当有汽车开进来时，弗雷斯必须在车子停稳前就站到司机门前，然后去检查油量、蓄电池、传动带、胶皮管和水箱。

弗雷斯注意到，如果他干得好的话，顾客大多还会再来。于是弗雷斯总是多干一些，帮助顾客擦去车身、挡风玻璃和车灯上的污渍。有一段时间，每周都有一位老太太开着她的车来清洗和打蜡。这个车的车内踏板凹陷得很深，很难打扫，而且这位老太太极难打交道，每次当弗雷斯给她把车清洗好后，她都要再仔细检查一遍，让弗雷斯重新打扫，直到清除掉每一缕棉绒和灰尘，她才满意。

终于有一次，弗雷斯忍无可忍，不愿意再侍候她了。他的父亲告诫他说：“孩子，记住，这就是你的工作！不管顾客说什么或做什么，你都要做好你的工作，并以应有的礼貌去对待顾客。”

父亲的话让弗雷斯深受震动，许多年以后他仍不能忘记。弗雷斯说：“正是在加油站的工作使我学到了严格的职业道德和应该如何对待顾客，这些东西在我以后的职业生涯中起到了非常重要的作用。”

其实，弗雷斯的成功与他懂得感谢那些折磨自己的人有着莫大的关系。“吃一堑，长一智”，那些让你“吃一堑”的人正是给你“长一智”的客观条件。你为什么不对他们心存感激呢？学会感谢折磨你的人，这样，你注定会与成功结缘。

从现在起，感谢折磨你的人吧

人不能总停留在原地，而是要努力向前。感谢折磨你的人，你将得到更迅捷的发展速度。

对于生活中的各种折磨，我们应时时心存感激。只有这样，我们才会常常有一种幸福的感觉，纷繁芜杂的世界才会变得鲜活、温馨和动人。一朵美丽的花，如果你不能以一种美好的心情去欣赏它，它在你的心中和眼里也就永远娇艳妩媚不起来，而如同你的心情一般灰暗和没有生机。

只有心存感激，我们才会把折磨放在背后，珍视他人的爱心，才会享受生活的美好，才会发现世界原本有很多温情。心存感激，是一种人格的升华，是一种美好的人性。只有心存感激，我们才会热爱生活，珍惜生命，以平和的心态去努力地工作与学习，使自己成为一个有益于社会的人。心存感激，我们的生活就会洋溢着更多的欢笑和阳光，世界在我们眼里就会更加美丽动人。

有个70岁的日本老先生，拿了一幅祖传的珍贵名画来到电视台上节目，要求“开运鉴定团”的专家鉴定，他说，他的父亲说这是价值数百万日元的宝物，他总是战战兢兢地保护着，由于自己不懂艺术，因而想请专家鉴定画的价值。

结果揭晓，专家认为它是赝品，连一万日元都不值，主持人问老先生："你一定很难过吧？"这位来自乡下的老先生脸上的线条却在短短的时间内变得无比柔软，他憨厚地微笑道：

"啊！这样也好。不会有人来偷，我可以安心地把它挂在客厅里了。"老先生的自我解嘲令人感慨：失去竟然可以比拥有轻松。就像故事中的日本老先生一样，如果生活给了你一个让你痛苦的理由，这时，你要保存一颗感恩的心。心存感恩，你的人格会在感恩中升华，生活对于你就只有快乐，没有痛苦，你就会拥有一个成功而快乐的人生！从今天开始，感谢折磨你的人吧！正如网上流传的一首诗写的那样：

当我们拿花送给别人时，
首先闻到花香的是我们自己。
当我们抓起泥巴想抛向别人时，
首先弄脏的是我们自己的手。

一句温暖的话，
就像往别人的身上洒香水，
自己也会沾到两三滴，
因此，要时时心存好意，
脚走好路、身行好事、惜缘种福。

很多的时候，

我们需要给自己的生命留下一点空隙，
就像两车之间的安全距离，
一点缓行的余地，
可以随时调整自己，进退有秩，
生活的空间，需要清理挪减而留出，
心灵的空间，则经思考领悟而拓展。

打桥牌时要把我们手中所握有的这副牌，不论好坏，都要把它打到淋漓尽致。

人生亦然，重要的不是发生了什么事，而是我们处理它的方法和态度，假如我们转身面向阳光，就不可能陷身在阴影里。

光明使我们看见许多东西，也使我们看不见许多东西，假如没有黑夜，我们便看不到天上闪亮的星辰。

因此，即便是曾经一度使我们难以承受的痛苦磨难，也不会是完全没有价值，它可以使我们的意志更坚定，思想人格更成熟。

因此，当困难与挫折之来，应平静而对，乐观地处理，不要在人我是非中彼此摩擦。有些话语称起来不重，但稍一不慎，便会重重地坠到别人心上，同时，也要训练自己，不要轻易被别人的话扎伤、变心。

你不能决定生命的长度，但你可以控制它的宽度；你不能左右天气，但你可以改变心情；你不能改变容貌，但你可以展现笑容；你不能控制他人，但你可以掌握自己；你不能预知明天，但你可以利用今天；你不能样样胜利，但你可以事事尽力。

第二章
苦难是一道美丽的人生风景

苦难是把双刃剑

苦难可以激发生机，也可以扼杀生机；可以磨炼意志，也可以摧垮意志；可以启迪智慧，也可以蒙蔽智慧；可以高扬人格，也可以贬低人格。这完全取决于每个人本身。

苦难是一柄双刃剑，它能让强者更强，练就出色而几近完美的人格；但是同时它也能够将弱者一剑削平，从此倒下。

曾有这样一个“倒霉蛋”，他是个农民，做过木匠，干过泥瓦工，收过破烂，卖过煤球，在感情上受到过欺骗，还打过一场三年之久的官司。他曾经独自闯荡在一个又一个城市里，做着各种各样的活计，居无定所，四处漂泊，生活上也没有任何保障。看起来仍然像一个农民，但是他与乡里的农民有些不同，他虽然也日出而作，但是不日落而息——他热爱文学，写下了许多清澈纯净的诗歌，每每读到他的诗歌，都让人们为之感动，同时为之惊叹。

“你这么复杂的经历怎么会写出这么纯净的作品呢？”他的一个朋友这么问他，“有时候我读你的作品总有一种感觉，觉得只有初恋的人才能写得出。”

“那你认为我该写出什么样的作品呢？《罪与罚》吗？”他笑道。

“起码应当比这些作品更沉重和黯淡些。”

他笑了，说：“我是在农村长大的，农村家家都储粪种庄稼。小时候，每当碰到别人往地里送粪时，我都会掩鼻而过。那时我觉得很奇怪，这么臭、这么脏的东西，怎么就能使庄稼长得更壮实呢？后来，经历了这么多事，我却发现自己并没有学坏，也没有堕落，甚至连麻木也没有，就完全明白了粪便和庄稼的关系。”

“粪便是脏臭的，如果你把它一直储在粪池里，它就会一直这么脏臭下去。但是一旦它遇到土地，它就和深厚的土地结合，就成了一种有益的肥料。对于一个人，苦难也是这样。如果把苦难只视为苦难，那它真的就只是苦难。但是如果你让它与你精神世界里最广阔的那片土地去结合，它就会成为一种宝贵的营养，让你在苦难中如凤凰涅槃，体会到特别的甘甜和美好。”

土地转化了粪便的性质，人的心灵则可以转化苦难的性质。在这转化中，每一场沧桑都成了他唇间的美酒，每一道沟坎都成了他诗句的源泉。他文字里那些明亮的妩媚原来是那么深情、隽永，因为其间的一笔一画都是他踏破苦难的履痕。

苦难是把双刃剑，它会割伤你，但也会帮助你。帕格尼尼，世界超级小提琴家。他是一位在苦难的琴弦下把生命之歌演奏到极致的人。4 岁时一场麻疹和强直性昏厥症让他险些就此躺进棺材。7 岁患上严重的肺炎，只得大量放血治疗。46 岁因牙床长满脓疮，拔掉了大部分牙齿。其后又染上了可怕的眼疾。50 岁后，关节炎、喉结核、肠道炎等疾病折磨着他的身体与心灵。后来声带也坏了。他仅活到 57 岁，就口吐鲜血而亡。

身体的创伤不是他苦难的全部。他从 13 岁起，就在世界各地过着流浪的生活。他曾一度将自己禁闭，每天疯狂地练琴，几乎忘记了饥饿和死亡。像这样的一个人，这样一个悲惨的生命，却在琴弦上奏出了最美妙的音符。3岁学琴，12岁举办首场个人音乐会。他令无数人陶醉，令无数人疯狂！

乐评家称他是“操琴弓的魔术师”。歌德评价他：“在琴弦上展现了火一样的灵魂。”李斯特大喊：“天哪，在这四根琴弦中包含着多少苦难、痛苦与受到残害的生灵啊！”苦难净化心灵，悲剧使人崇高。也许上苍成就天才的方式，就是让他在苦难这所大学中进修。

弥尔顿、贝多芬、帕格尼尼——世界文艺史上的三大怪杰，一个成了瞎子，一个成了聋子，一个成了哑巴！这就是最好的例证。苦难，在这些不屈的人面前，会化为一种礼物，一种人格上的成熟与伟岸，一种意志上的顽强和坚韧，一种对人生和生活的深刻认识。然而，对更多的人来说，苦难是噩梦，是灾难，甚至是毁灭性的打击。

其实对于每一个人，苦难都可以成为礼物或是灾难。你无须祈求上苍保佑，菩萨显灵，选择权就在你自己手里。一个人的尊严之处，就是不轻易被苦难压倒，不轻易因苦难放弃希望，不轻易让苦难占据自己蓬勃向上的心灵。

用你的坚韧和不屈，你真的可以自由选择经历哪一种苦难。

重要的是你如何看

重要的是你如何看待发生在你身上的事，而不是到底发生了什么。

如果一个人在46岁的时候，因意外事故被烧得不成人形，4年后又在一次坠机事故后腰部以下全部瘫痪，他会怎么办？再后来，你能想象他变成百万富翁、受人爱戴的公共演说家、扬扬得意的新郎及成功的企业家吗？你能想象他去泛舟、玩跳伞、在政坛角逐一席之地吗？

米契尔全做到了，甚至有过之而无不及。在经历了两次可怕的意外事故后，他的脸因植皮而变成一块“彩色板”，手指没有了，双腿如此细小，无法行动，只能瘫痪在轮椅上。

意外事故使他身上65%以上的皮肤被烧坏了，为此他做了16次手术。手术后，他无法拿起叉子，无法拨电话，也无法一个人上厕所。但以前曾是海军陆战队员的米契尔从不认为他被打败了，他说：“我完全可以掌握我自己的人生之船，我可以选择把目前的状况看成倒退或是一个起点。”6个月之后，他又能开飞机了。

米契尔为自己在科罗拉多州买了一幢维多利亚式的房子，还买了一架飞机及一家酒吧。后来他和两个朋友合资开了一家公司，专门生产以木材为燃料的炉子，这家公司后来变成佛蒙特州第二大私人公司。坠机意外发生后4年，米契尔所开的飞机在起飞时又摔回跑道，把他背部的12块脊椎骨全压得粉碎，腰部以下永远瘫痪。“我不解的是为何这些事老是发生在我身上，我到底是造了什么孽？要遭到这样的报应？”米契尔说。

米契尔仍不屈不挠，日夜努力使自己能达到最高限度的独立自主，他被选为科罗拉多州孤峰顶镇的镇长，以保护小镇的美景及环境，使之不因矿产的开采而遭受破坏。米契尔后来也竞选国会议员，他用一句“不只是另一张小白脸”的口号，将自己难看的脸转化成一笔有利的资产。

尽管面貌骇人、行动不便，米契尔却坠入爱河，并且完成了终身大事，也拿到了公共行政硕士学位，并继续着他的飞行活动、环保运动及公共演说。

米契尔说："我瘫痪之前可以做 1 万件事，现在我只能做 9000 件事，我可以把注意力放在我无法再做好的 1000 件事上，或是把目光放在我还能做的 9000 件事上。告诉大家，我的人生曾遭受过两次重大的挫折，如果我能选择不把挫折拿来当成放弃努力的借口，那么，或许你们可以用一个新的角度来看待一些一直让你们裹足不前的经历。你可以退一步，想开一点，然后你就有机会说：'或许那也没什么大不了的。'"

记住："重要的是你如何看待发生在你身上的事，而不是到底发生了什么。"

人生之路，不如意事常八九，一帆风顺者少，曲折坎坷者多，成功是由无数次失败构成的。在追求成功的过程中，还需正确面对失败。乐观和自我超越就是能否战胜自卑、走向自信的关键。正如美国通用电气公司创始人沃特所说："通向成功的路，即把你失败的次数增加一倍。"但失败对人毕竟是一种"负性刺激"，会使人产生不愉快、沮丧、自卑。

面对挫折和失败，唯有乐观积极的持久心，才是正确的选择。其一，采用自我心理调适法，提高心理承受能力；其二，注意审视、完善策略；其三，用"局部成功"来激励自己；其四，做到坚韧不拔，不因挫折而放弃追求。

要战胜失败所带来的挫折感，就要善于挖掘、利用自身的"资源"。应该说当今社会已大大增加了这方面的发展机遇，只要敢于尝试，勇于拼搏，就一定会有所作为。虽然有时个体不能改变"环境"的"安排"，但谁也无法剥夺其作为"自我主人"的权利。屈原遭放逐乃作《离骚》；司马迁受宫刑乃成《史记》，就是因为他们无论什么时候都不气馁、不自卑，都有坚韧不拔的意志。有了这一点，就会挣脱困境的束缚，迎来光明的前景。

若每次失败之后都能有所“领悟”，把每一次失败都当作成功的前奏，那么就能化消极为积极，变自卑为自信。作为一个现代人，应具有迎接失败的心理准备。世界充满了成功的机遇，也充满了失败的风险，所以要树立持久心，以不断提高应付挫折与干扰的能力，调整自己，增强社会适应力，坚信失败乃成功之母。

成功之路难免坎坷和曲折，有些人把痛苦和不幸作为退却的借口，也有人在痛苦和不幸面前寻得复活和再生。只有勇敢地面对不幸和超越痛苦，永葆青春的朝气和活力，用理智去战胜不幸，用坚持去战胜失败，我们才能真正成为自己命运的主宰，成为掌握自身命运的强者。

其实失败就是强者和弱者的一块试金石，强者可以愈挫愈奋，弱者则是一蹶不振。想成功，就必须面对失败，必须在千万次失败面前站起来。

人生需要苦难的洗礼

苦难是一所学校，每一个渴望成功的人都需要到其中接受教育。历经风雨的洗礼，生命才能常驻常新。

一位大学者说过：“苦难是一所学校，真理在里面总是变得强有力。”

一个屡屡失意的年轻人不远万里来到一座名刹，慕名寻到高僧慧圆大师，沮丧地对大师说：“人生总不如意，活着也是苟且，有什么意思呢？”

慧圆静静听着年轻人的叹息和絮叨，最后吩咐小和尚说：“施主远道而来，烧一壶温水送过来。”

少顷，小和尚送来了一壶温水，慧圆抓了茶叶放进杯子，然后用温水沏了，放在茶几上，微笑着请年轻人喝茶。杯子冒出微微的水汽，茶叶静静浮着。年轻人困惑地询问：“宝刹怎么用温水泡茶？”

慧圆笑而不语，年轻人喝一口细品，不由摇摇头：“一点茶香都没有。”慧圆说：“这可是闽地名茶铁观音啊。”年轻人又端起杯子品尝，然后肯定地说：“真的没有一丝茶香。”

慧圆又吩咐小和尚：“再去烧一壶沸水送过来。”少顷，小和尚便提着一壶冒着浓浓白气的沸水进来。慧圆起身，又取过一个杯子，放茶叶，倒沸水，再放在茶几上。年轻人俯首看去，茶叶在杯子里上下沉浮，丝丝清香不绝如缕，望而生津。

年轻人欲去端杯，慧圆作势挡开，又提起水壶注入一线沸水。茶叶翻腾得更厉害了，一缕更醇厚、更醉人的茶香袅袅升腾，在禅房里弥漫开来。慧圆如是注了六次水，杯子终于满了，那绿绿的一杯茶水，端在手上清香扑鼻，入口沁人心脾。

慧圆笑着问：“施主可明白，同是铁观音，为什么茶味迥异吗？”

年轻人思忖着说：“一杯用温水，一杯用沸水，冲沏的水不同。”

慧圆点头：“用水不同，则茶叶的沉浮就不一样。温水沏茶，茶叶轻浮水上，怎会散发清香？沸水沏茶，反复几次，茶叶沉沉浮浮，最后释放出四季的风韵：既有春的幽静、夏的炽热，又有秋的丰盈和冬的清冽。世间芸芸众生，又何尝不是沉浮的茶叶呢？那些不经风雨的人，就像温水沏的茶叶，只能在生活表面漂浮，根本浸泡不出生命的芳香；而那些栉风沐雨的人，如同被沸水冲沏的茶，在沧桑岁月里几度沉浮，才有那沁人的清香。”

人生之路漫长，充满了鲜花，也充满了荆棘；充满了幸福，也充满了痛苦。

不测是时时刻刻都存在的，学业的失意、疾病的折磨、自信的受损、亲人离去的悲痛……在踏上人生路途的时候就该明白前途的坎坷。要接受温润的春和赤烈的夏，就必须接受清冷的秋和寒冽的冬，正像茶叶一样，我们要坦然面对沉浮，让生命散发芳香。

超越人生的苦难

苦难对于弱者是一个深渊，而对于天才来说则是一块垫脚石。

美国前总统克林顿并不算是天才人物，但他能登上美国总统的宝座，与他个人的勤奋和磨炼不无关系。

克林顿的童年很不幸。他出生前4个月，父亲就死于车祸。他母亲因无力养家，只好把出生不久的他托付给自己的父母抚养。童年的克林顿受到外公和舅舅的深刻影响。他自己说，他从外公那里学会了忍耐和平等待人，从舅舅那里学到了说到做到的男子汉气概。他7岁随母亲和继父迁往温泉城，不幸的是，双亲常因意见不合而发生激烈冲突，继父嗜酒成性，酒后经常虐待克林顿的母亲，小克林顿也经常遭其斥骂。这给从小就寄养在亲戚家的小克林顿的心灵蒙上了一层阴影。

坎坷的童年生活，使克林顿形成了尽力表现自己，争取别人喜欢的性格。他在中学时代非常活跃，一直积极参与班级和学生会活动，并且有较强的组织和社会活动能力。他是学校合唱队的主要成员，而且被乐队指挥定为首席吹奏手。

1963年夏，他在“中学模拟政府”的竞选中被选为参议员，应邀参观了首都华盛顿，这使他有机会看到了“真正的政治”。参观白宫时，他受到了肯尼迪总统的接见，不但同总统握了手，而且还和总统合影留念。

此次华盛顿之行是克林顿人生的转折点，使他的理想由当牧师、音乐家、记者或教师转向了从政，梦想成为肯尼迪第二。

有了目标和坚强的意志，克林顿此后30年的全部努力，都紧紧围绕这个目标。上大学时，他先读外交，后读法律——这些都是政治家必须具备的知识修养。离开学校后，他一步一个脚印，律师、议员、州长，最后达到了政治家的巅峰——总统。

人生来都希望在一个平和顺利的环境中成长，但上苍并不喜爱安逸的人们，他要挑选出最杰出的人物，于是他让这些人历经磨难，千锤百炼终于成金。

一个人若想有所成就，那么苦难就成为一道你必须超越的关卡。就像神话中所说的那样，那条鲤鱼必须跳过龙门，才能超越自我、化身为龙，人生又何尝不是如此！

抓住机会，用苦难磨炼自己

对于一个人来说，苦难确实是残酷的，但如果你能充分利用苦难这个机会来磨炼自己，苦难会馈赠给你很多。

生命不会是一帆风顺的，任何人都会遇到逆境。从某种意义上说，经历苦难是人生的不幸，但同时，如果你能够正视现实，从苦难中发现积极的意义，充分利用机会磨炼自己，你的人生将会得到不同寻常的升华。

我们可以看看下面这则故事。

由于经济破产和从小落下的残疾，人生对格尔来说已索然无味了。

在一个晴朗日子，格尔找到了牧师。牧师现在已疾病缠身，脑溢血彻底摧残了他的健康，并遗留下右侧偏瘫和失语等症，医生们断言他再也不能恢复说话能力了。然而仅在病后几周，他就努力学会了重新讲话和行走。

牧师耐心听完了格尔的倾诉。“是的，不幸的经历使你心灵充满创伤，你现在生活的主要内容就是叹息，并想从叹息中寻找安慰。”他闪烁的目光始终燃烧着格尔，“有些人不善于抛开痛苦，他们让痛苦缠绕一生直至幻灭。但有些人能利用悲哀的情感获得生命悲壮的感受，并从而对生活恢复信心。”

“让我给你看样东西。”他向窗外指去。那边矗立着一排高大的枫树，在枫树间悬吊着一些陈旧的粗绳索。他说：“60 年前，这儿的庄园主种下这些树护卫牧场，他在树间牵拉了许多粗绳索。对于幼树嫩弱的生命，这太残酷了，这种创伤无疑是终身的。有些树面对残酷的现实，能与命运抗争；而另有一些树消极地诅咒命运，结果就完全不同了。”

他指着一棵被绳索损伤并已枯萎的老树：“为什么有些树毁掉了，而这一棵树已成为绳索的主宰而不是其牺牲品呢？”

眼前这棵粗壮的枫树看不出有什么疤痕，格尔所看到的是绳索穿过树干——几乎像钻了一个洞似的，真是一个奇迹。

“关于这些树，我想过许多。”牧师说，“只有体内强大的生命力才可能战胜像绳索带来的那样终身的创伤，而不是自己毁掉这宝贵的生命。”沉思了一会儿后，牧师说：“对于人，有很多解忧的方法。在痛苦的时候，找个朋友倾诉，找些活干；对待不幸，要有一个清醒而客观的全面认识，尽量抛掉那些怨恨的情感负担。有一点也许是最重要的，也是最困难的——你应尽一切努力愉悦自己，真正地爱自己，并抓住机会磨炼自己。”

在遇到挫折困苦时，我们不妨聪明一些，找方法让精神伤痛远离自己的心灵，利用苦难来磨炼自己的意志。尽一切努力愉悦自己，真正地爱自己。我们的生命就会更丰盈，精神会更饱满，我们就可能会拥有一个辉煌壮美的人生。

打开苦难的另一道门

拿破仑说：“我只有一个忠告——做你自己的主人。”

习惯抱怨生活太苦的人，是不是也能说一句这样的豪言壮语：“我已经经历了那么多的磨难，眼下的这一点痛又算得了什么？！”

我们在埋怨自己生活多磨难的同时，不妨想想下面这位老人的人生经历，或许还有更多多灾多难的人们，与他们相比我们的困难和挫折算什么呢？自强起来，生命就会站立不倒。

德国有一位名叫班纳德的人，在风风雨雨的50年间，他遭受了200多次磨难的洗礼，从而成为世界上最倒霉的人，但这些也使他成为世界上最坚强的人。

他出生后14个月，摔伤了后背；之后又从楼梯上掉下来摔残了一只脚；再后来爬树时又摔伤了四肢；一次骑车时，忽然一阵不知从何处而来的大风，把他吹了个人仰车翻，膝盖又受了重伤；13岁时掉进了下水道，差点窒息；一次，一辆汽车失控，把他的头撞了一个大洞，血如泉涌；又有一辆垃圾车，倒垃圾时将他埋在了下面；还有一次他在理发屋中坐着，突然一辆飞驰的汽车撞了进来……

他一生倒霉无数，在最为晦气的一年中，竟遇到了17次意外。

但更令人惊奇的是，老人至今仍旧健康地活着，心中充满着自信，因为他经历了200多次磨难的洗礼，他还怕什么呢？

“自古雄才多磨难，从来纨绔少伟男”，人们最出色的工作往往是在挫折逆境中做出的。我们要有一个辩证的挫折观，经常保持自信和乐观的态度。挫折和教训使我们变得聪明和成熟，正是失败本身才最终造就了成功。我们要悦纳自己和他人他事，要能容忍挫折，学会自我宽慰，心怀坦荡、情绪乐观、满怀信心地去争取成功。

如果能在挫折中坚持下去，挫折实在是人生不可多得的一笔财富。有人说，不要做在树林中安睡的鸟儿，而要做在雷鸣般的瀑布边也能安睡的鸟儿，就是这个道理。逆境并不可怕，只要我们学会去适应，那么挫折带来的逆境，反而会给我们以进取的精神和百折不挠的毅力。

挫折让我们更能体会到成功的喜悦，没有挫折我们不懂得珍惜，没有挫折的人生是不完美的。

世事常变化，人生多艰辛。在漫长的人生之旅中，尽管人们期盼能一帆风顺，但在现实生活中，却往往令人不期然地遭遇逆境。

逆境是理想的幻灭、事业的挫败；是人生的暗夜、征程的低谷。就像寒潮往往伴随着大风一样，逆境往往是通过名誉与地位的下降、金钱与物资的损失、身体与家庭的变故而表现出来的。逆境是人们的理想与现实的严重背离，是人们的过去与现在的巨大反差。

每个人都会遇到逆境，以为逆境是人生不可承受的打击的人，必不能挺过这一关，可能会因此而颓废下去；而以为逆境只不过是人生的一个小坎儿的人，就会想尽一切办法去找到一条可迈过去的路。这种人，多迈过几个小坎儿的，就会不怕大坎儿，就能成大事。

面对逆境，不同的人有着不同的观点和态度。就悲观者而言，逆境是生存的炼狱，是前途的深渊；就乐观的人而言，逆境是人生的良师，是前进的阶梯。逆境如霜雪，它既可以凋叶摧草，也可使菊香梅艳；逆境似激流，它既可以溺人殒命，也能够济舟远航。逆境具有双重性，就看人怎样正确地去认识和把握。

古往今来，凡立大志、成大功者，往往都饱经磨难，备尝艰辛。逆境成就了“天将降大任”者。如果我们不想在逆境中沉沦，那么我们便应直面逆境，奋起抗争，只要我们能以坚韧不拔的意志奋力拼搏，就一定能冲出逆境。

第三章
人生没有真正的难题

日子难过，更要认真地过

当你埋怨被苦日子折磨时，你是否想过，其实这境遇只是由于你不认真对待生活造成的呢？日子难过，更要认真地过。

有个学者说过："人生的棋局，只有到了死亡才会结束，只要生命还存在，就有挽回棋局的可能。"

生活拮据，日子难过，大部分人的生活都过得很辛苦。但是，在你埋怨苦日子折磨人的时候，不妨仔细想想，在这些难过的日子当中，你认真生活了几天？

地铁上，两个年纪40岁左右的女人在说话，一个说："这日子真的是没法过下去了，我真是再也受不了了。他居然跟我说要把房子卖了，你想想，把房子卖了我们住到哪里去啊？没想到跟了他这么多年，现在居然落到这样的田地。"

另一个说："那不行啊，就算是把房子卖了，这样下去也是坐吃山空，还是要想办法让他出去工作才行。"

"谁说不是呢？！可是他要是肯听我的就好了。现在他什么朋友都没有，什么人也不愿意见，整天待在家里，孩子也怕他，他随时都会发火，我都烦死了。这样的日子难过死了，死了倒还痛快了。"

"唉……"

原来这个家里的男主人，下岗之后也找过几个工作，但做了一段时间都不成功，意志愈加消沉。于是女主人对他越来越不满意，软的硬的都没什么用，于是家里开始硝烟弥漫，大吵小吵没有断过。

眼看着家里就女主人一个人上班以维持家用，她心里也着急，可是又不知道用什么方法来让老公重振旗鼓。男主人于是提出把房子卖了租房子住，于是又展开了新一轮的战争。

人生就是这样：苦多于乐！

美国教育学家乔治·桑塔亚纳说："人生既不是一幅美景，也不是一席盛宴，而是一场苦难。"不幸的是，当你来到这世界那一天，没有人会送你一本生活指南，教你如何应付命运多舛的人生。也许青春时期的你曾经期待长大成人以后，人生会像一场热闹的派对，但在现实世界经历了几年风雨后，你会幡然醒悟，人生的道路原来布满荆棘。

无论你是老是少，都请不要奢望生活越过越顺遂，因为你会发现大家的日子都很难熬。再怎么才华横溢、家财万贯，照样逃离不了挫折、困顿。人人都要经历某种程度的压力和痛苦，而且难保不会遇上疾病、天灾、意外、死亡及其他不幸，谁都无法做到完全免疫，就算成功人士也会承认这是个需要辛苦打拼的世界。精神分析学家荣格主张：人类需要逆境，逆境是迈向身心健康的必要条件。他认为遭遇困境能帮助我们获得完整的人格与健全的心灵。

人的一生总有许多波折，要是你觉得事事如意，大概是误闯了某条单行道。也许你曾拥有一段诸事顺利的日子，于是志得意满的你开始以为你已看穿人生是怎么回事，一切如鱼得水，悠游自在。可惜就在你相信自己蒙天赐之福时，却发生了好运化为乌有的意外。

美国作家诺瑞丝拥有一套轻松面对生活的法则：人生比你想象中好过，只要接受困难、量力而为、咬紧牙关就过去了。你跨出的每一步，都能助你完成学习之旅。面临生活考验时，耐力越高，通过的考验也越多。所以要放松心情，靠意志力和自信心冲破难关。

保持积极的人生观，可以帮助你了解逆境其实很少危害生命，只会引起不同程度的愤慨，何况一定的压力也有好处。舒适安逸的生活无法带给人快乐与满足，人生若是少了有待克服的障碍、有待解决的问题、有待追求的目标、有待完成的使命，便毫无成就感可言了。

人生是一场学习的过程，接二连三的打击则是最好的生活导师。享乐与顺境无法锻炼人格，逆境却可以。一旦征服了难关，遇到再糟的情况也不会惊慌。人生有甘也有苦，物质环境的优劣与生活困厄的程度毫无瓜葛，重要的是我们对环境采取何种反应。接受好花不常开的事实，日子会悠哉许多。记住这句话：人生苦多于乐，不必太在乎。

铸就坚韧的品格

世界上最强大、最有可能取得成功的人，就是坚韧不拔的人。

生活陷入困顿，人生陷入低谷，这个时候你在想些什么？就打算这样过一辈子吗？

世界上最强大、最有可能取得成功的人，就是那些坚韧不拔的人。无论你现在的境况如何，都要保持坚韧不拔、百折不挠的精神。

莎莉·拉斐尔是美国著名的电视节目主持人，两度获奖，在美国、加拿大和英国每天有800万观众收看她的节目。可是她在30年的职业生涯中，却曾被辞退18次。

刚开始，美国的无线电台都认定女性主持人不能吸引观众，因此没有一家愿意雇用她。她便迁到波多黎各，苦练西班牙语。有一次，多米尼亚共和国发生暴乱事件，她想去采访，可通讯社拒绝她的申请，于是她自己凑足旅费飞到那里，采访后将报道卖给电台。

1981年她被一家纽约电台辞退，无事可做的时候，她有了一个节目构想。虽然很多国家广播公司觉得她的构想不错，但碍于她是女性，所以最终还是放弃了她的构想。最后她终于说服了一家公司，受到了雇用，但她只能在政治台主持节目。尽管她对政治不熟，但还是勇敢尝试。1982年夏，她的节目终于开播。她充分发挥自己的长处，畅谈7月4日美国国庆对自己的意义，还请观众打来电话互动交流。令人意想不到的是，节目很成功，观众非常喜欢她的主持方式，所以她很快成名了。

当别人问她成功的经验时，她发自内心地说："我被人辞退了18次，本来大有可能被这些遭遇所吓退，做不成我想做的事情。结果相反，我让它们鞭策我前进。"

正是这种不屈不挠的性格使莎莉在逆境中避免了一蹶不振、默默无闻的一生，走向了成功。

任何成功的人在达到成功之前，没有不遭遇失败的。爱迪生在经历了一万多次失败后才发明了灯泡；乔纳斯·沙克也是在试用了无数介质之后，才培养出小儿麻痹疫苗。

"你应把挫折当作是使你发现你思想的特质，以及你的思想和你明确目标之间关系的测试机会。”如果你真能理解这句话，它就能调整你对逆境的反应，并且能使你继续为目标努力，挫折绝对不等于失败，除非你自己这么认为。

爱默生说过：“我们的力量来自我们的软弱，直到我们被戳、被刺，甚至被伤害到疼痛的程度时，才会唤醒包藏着神秘力量的愤怒。伟大的人物总是愿意被当成小人物看待，当他坐在占有优势的椅子中时会昏昏睡去，当他被摇醒、被折磨、被击败时，便有机会可以学习一些东西了；此时他必须运用自己的智慧，发挥他的刚毅精神，他会了解事实真相，从他的无知中学习经验，治疗好他的自负精神病。最后，他会调整自己并且学到真正的技巧。”

因此，无论经历怎样的失败和挫折，你都要从精神上去战胜它，别把它当一回事，甩甩手从头再来，成功终究会来临。

改变你生命的视角

一个人要想改变自己的命运，必须首先改变自己的视角。生活中的难题也许在你改变了视角之后，就不难了。

1941年，美国洛杉矶。深夜，在一间宽敞的摄影棚内，一群人正在忙着拍摄一部电影。“停！”刚开拍几分钟，年轻的导演就大喊起来，一边做动作一边对着摄影师大声说：“我要的是一个大仰角，大仰角，明白吗？”

又是大仰角！这个镜头已经反复拍摄了十几次，演员、录音师……所有的工作人员都已累得筋疲力尽。可是这位年轻的导演总是不满意，一次次地大声喊“停”，一遍遍地向着摄影师大叫

"大仰角"！

此时，已是扛着摄影机趴在地板上的摄影师再也无法忍受这个初出茅庐的小伙子，站起来大声吼道："我趴得已经够低了，你难道不明白吗？"

周围的工作人员都停下了手中的工作，有些幸灾乐祸地看着他们。年轻的导演镇定地盯着摄影师，一句话也没有说，突然，他转身走到道具旁，捡起一把斧子，向着摄影师快步走了过去。

人们不知道这位年轻的导演会做怎样的蠢事。就在人们目瞪口呆的注视下，在周围人的惊呼声中，只见年轻的导演抡起斧子，向着摄影师刚才趴过的木制地板猛烈地砍去，一下、两下、三下……把地板砸出一个窟窿。

导演让摄影师站到洞中，平静地对他说："这就是我要的角度。"就这样，摄影师蹲在地板洞中，无限压低镜头，拍出了一个前所未有的大仰角，一个从未有人拍出的镜头。

这位年轻的导演名叫奥逊·威尔斯，这部电影是《公民凯恩》。电影因大仰拍、大景深、阴影逆光等摄影创新技术及新颖的叙事方式，被誉为美国有史以来最伟大的电影之一，至今仍是美国电影学院必备的教学影片。

拍电影是这样，对待人生更是如此，如果你的视角很低、很小，你怎么能看到难过的日子后面的希望和快乐呢？

改变你的视角，你就能看见一个不一样的人生，拥有一个不一样的人生！

世上没有“不可能”

如果你总是认为某件事是“不可能”的，那说明你一定没有去努力争取，因为这世上本来就没有“不可能”。

螃蟹可以吃吗？不可能。那你就错了，很快就出现了第一个吃螃蟹的人。

拿破仑·希尔年轻时买下一本字典，然后剪掉了“不可能”这个词，从此他有了一本没有“不可能”的字典，而他也就成了成功学大师。其实，把“不可能”从字典里剪掉，只是一个形象的比喻，关键是要从你的心中把这个观念铲除掉。并且，在我们的观念中排除它，想法中排除它，态度中去掉它、抛弃它，不再为它提供理由，不再为它寻找借口，把这个字和这个观念永远地抛弃，而用光辉灿烂的“可能”来替代它。

比如汤姆·邓普西，他就是将“不可能”变为“可能”的典型。

汤姆·邓普西生下来的时候，只有半只左脚和一只畸形的右手。父母从来不让他因为自己的残疾而感到不安。结果是任何男孩能做的事他也能做，如果童子军团行军 5 千米，汤姆也同样能走完 5 千米。

后来他想玩橄榄球，他发现，他能把球踢得比任何在一起玩的男孩子更远。他要人为他专门设计一只鞋子，参加了踢球测验，并且得到了冲锋队的一份合约。但是教练却尽量婉转地告诉他，说他“不具有做职业橄榄球员的条件”，促请他去试试其他的事业。最后他申请加入新奥尔良圣徒队，并且请求给他一次机会。教练虽然心存怀疑，但是看到这个男孩这么自信，对他有了好感，因此就收下了他。两个星期之后，教练对他的好感更深，因为他在一次友谊赛中将球踢出 55 码远得分。这种情形使他获得了专为圣徒队踢球的工作，而且在那一赛季中为他所在的队踢得了 99 分。

然后到了最伟大的时刻，球场上坐满了 6.6 万名球迷。圣徒队比分落后，球是在 28 码线上，比赛只剩下了几秒钟，球队把球推进到 45 码线上，但是完全可以说没有时间了。“汤姆，进场踢球！”教练大声说。当汤姆进场的时候，他知道他的队距离得分线有 63 码远，也就是说他要踢出 63 码远，在正式比赛中踢得最远的记录是 55 码，是由巴尔第摩雄马队毕特·瑞奇踢出来的。但是，邓普西心里认为他能踢出那么远，而且是完全有可能的，他这么想着，加上教练又在场外为他加油，他充满了信心。

正好，球传接得很好，邓普西一脚全力踢在球身上，球笔直地前进。6.6 万名球迷屏住气观看，接着终端得分线上的裁判举起了双手，表示得了 3 分，球在球门横杆之上几厘米的地方越过，圣徒队以 19：17 获胜。球迷狂呼乱叫——为踢得最远的一球而兴奋，这是只有半只脚和一只畸形的手的球员踢出来的！

“真是难以相信！”有人大声叫，但是邓普西只是微笑。他想起他的父母，他们一直告诉他的是他能做什么，而不是他不能做什么。他之所以创造出这么了不起的纪录，正如他自己说的：“他们从来没有告诉我，我有什么不能做的。”

再强调一遍，永远也不要消极地认定什么事情是不可能的，首先你要认为你能，再去尝试、再尝试，要知道，世上没有什么是不可能的。

把不幸当作机遇

遇到不幸时，不要总是习惯于把自己放在一个弱者的地位上，等待着别人的同情，然后等着别人来拯救你，这样的话，只会让你一直处于遭人唾弃、鄙视的地位不能翻身。只有自强自立，把不幸当作一次机遇，你才能走出不幸的泥潭。

别林斯基说："不幸是一所最好的大学。"自知者明，自强者胜。自强者可以征服山，就是跋山涉水也在所不惜；弱者就是面对一张薄纸，也不愿伸手戳破，去达到自己的目的。谁的一生都有挫折，自强者自然把挫折当玩具，戏之笑之，淡然视之，强者自强；而弱者把挫折当大山，多是惧之怕之，闭目待之，终是弱者更弱。调整你的心态，把不幸当作机遇，你就能战胜不幸，取得成功。

加拿大第一位连任两届总理的让·克雷蒂安小的时候，说话口吃，曾因疾病导致左脸局部麻痹，嘴角畸形，讲话时嘴巴总是向一边歪，而且还有一只耳朵失聪。

听一位有名的医学专家说，嘴里含着小石子讲话可以矫正口吃，克雷蒂安就整日在嘴里含着一块小石子练习讲话，以致嘴巴和舌头都被石子磨烂了。母亲看后心疼得直流眼泪，她抱着儿子说："克雷蒂安，不要练了，妈妈会一辈子陪着你。"克雷蒂安一边替妈妈擦着眼泪，一边坚强地说："妈妈，听说每一只漂亮的蝴蝶，都是自己冲破束缚它的茧之后才变成的。我一定要讲好话，做一只漂亮的蝴蝶。"

功夫不负有心人，经过长久的磨炼，克雷蒂安终于能够流利地讲话了。他勤奋、善良，中学毕业时，他不仅取得了优异的成绩，而且获得了极好的人缘。

1993年10月，克雷蒂安参加全国总理大选时，他的对手大力攻击、嘲笑他的脸部缺陷，对手曾极不道德、带有人格侮辱地说："你们要这样的人来当你们的总理吗？"然而，对手的这种恶意攻击招致大部分选民的愤怒和谴责。当人们知道克雷蒂安的成长经历后，都给予他极大的同情和尊敬。在竞争演说中，克雷蒂安诚恳地对选民说："我要带领国家和人民成为一只美丽的蝴蝶。"最后他以极高的票数当选为加拿大总理，并在1997年成功地获得连任，被加拿大人民亲切地称为"蝴蝶总理"。

人不能因为不幸的来临而畏缩不前，轻言放弃。而应该把它当作一次机遇，抓住它，发挥它的积极作用，你就可以获得不幸给予你的馈赠。

开启宝藏之门的钥匙就在自己的手中，轻言放弃，这些宝藏就永无见天之日。也许你现在并不如意，但永远不能放弃的是成功的决心和斗志，更为关键的是你能不能正确地意识到什么是自己最擅长的，尽管因为现实的某些原因处于困境之中，但总要设法找到自己的宝藏，并努力去开采它。

成功人士都是不惧怕困境的，他们总是把一次次不幸当作一次次机遇。面对长期的困境，他们或默默耕耘，或摇旗呐喊。他们凭着一副熬不垮的神经，一腔无所畏惧的勇气，振作精神，发奋苦干，以图早日突破困境的牢笼。目不能二视，耳不能二听，手不能二事。全神贯注于你所期望的目标，你就一定能够如愿以偿。如果你是个缺乏耐性、不能坚持，做什么事都半途而废，要别人替你收拾残局的人，你应当在行动之前细心思索，不可贸然开始工作，免得骑虎难下。"水滴石穿，绳锯木断"，水和石比，绳和木比，硬度显然相差太远，然而只要你不轻言放弃，把不幸当作机遇看待，全力做好一件事，天长日久，石头也会被水滴穿，木头也会被绳锯断。人做事也是这样，只要全神贯注地做一件事，就可以把事情做得比较完美，甚至做到完美无缺。

向折磨说一声“我能行”

挫折并不保证你会得到完全绽开的成功的花朵，它只提供成功的种子。饱受挫折折磨的人，必须自己努力去寻找这颗种子，并且以明确的目标给它养分并栽培它，否则它不可能开花、结果。

面对挫折，只有自强者才能战胜困难、超越自我。而如果一味地想着等待别人来帮忙，只能落得失败的下场。遭遇不顺利的事情时，坐等他人的帮助是一种极其愚蠢的做法，只有靠自己的努力才能解决问题，向折磨说一声“我能行”。记住：永远可以依赖的人只有自己！

一个农民只上了几年学，家里就没钱继续供他上学了。他辍学回家，帮父亲耕种二亩薄田。在他 18 岁时，父亲去世了，家庭的重担全部压在了他的肩上。他要照顾身体不佳的母亲，还有瘫痪在床的祖母。

改革开放后，农田承包到户。他把一块水洼挖成池塘，想养鱼。但村里的干部告诉他，水田不能养鱼，只能种庄稼，他只好又把水塘填平。这件事成了一个笑话，在别人看来，他是一个想发财但又非常愚蠢的人。

听说养鸡能赚钱，他向亲戚借了 300 元钱，养起了鸡。但是一场大雨后，鸡得了鸡瘟，几天内全部死光。300 元对别人来说可能不算什么，对一个只靠二亩薄田生活的家庭而言，可谓天文数字。他的母亲受不了这个刺激，忧劳成疾而死。

他后来酿过酒，捕过鱼，甚至在石矿的悬崖上帮人打过炮眼……可都没有赚到钱。

36 岁的时候，他还没有娶到媳妇，即使是离异的有孩子的女人也看不上他，因为他只有一间土屋，房子随时有可能在一场大雨后倒塌。娶不上老婆的男人，在农村是没有人看得起的。

但他还是没有放弃，不久他就四处借钱买了一辆手扶拖拉机。不料，上路不到半个月，这辆拖拉机就载着他冲入一条河里。他断了一条腿，成了瘸子。而那辆拖拉机，被人捞起来，已经支离破碎，他只能拆开它，当作废铁卖。几乎所有的人都说他这辈子完了。但是多年后他成了一家公司的老总，手中有上亿元的资产。

现在，许多人都知道他苦难的过去和富有传奇色彩的创业经历。许多媒体采访过他，许多报告文学描述过他。曾经有记者这样采访他——记者问:“在苦难的日子里，你凭借什么一次又一次毫不退缩？”他坐在宽大豪华的老板台后面，喝完了手里的一杯水。然后，他把玻璃杯子握在手里，反问记者:“如果我松手，这只杯子会怎样？”记者说:“摔在地上，碎了。”“那我们试试看。”他说。

他手一松，杯子掉到地上发出清脆的声音，但并没有破碎，而是完好无损。他说:“即使有 10 个人在场，10 个人都会认为这只杯子必碎无疑。但是，这只杯子不是普通的玻璃杯，而是用玻璃钢制作的。”

是啊！这样的人，即使只有一口气，他也会努力去拉住成功的手，除非上苍剥夺了他的生命……

我们在埋怨自己生活多磨难的同时，不妨想想这个故事主角的人生经历，或许还有更多多灾多难的人们，与他们相比，我们的困难和挫折算什么呢？向折磨说一声“我能行”，自强起来，生命就会屹立不倒！

冲出自己编织的“心理牢笼”

世界上最难攻破的不是那些坚固的城堡和城池，而是自己为自己编织的“心理牢笼”，要想走上成功的道路，摆脱不顺的现状，必须冲出自己编织的“心理牢笼”。很多时候，一个人没有获得成功，在境况不算差的时候，依然不能走向成功的道路。原因往往很简单，那就是他们陷入了自己所编织的“心理牢笼”中不能自拔。因此，如果你渴望成功，在任何时候，都不要被自己所编织的“心理牢笼”困住。一个人在他 20 多岁时被人陷害，在牢房里待了 10 年。后来冤案告破，他终于走出了监狱。

出狱后，他开始了几年如一日的反复控诉、咒骂：“我真不幸，在最年轻有为的时候竟遭受冤屈，在监狱度过本应最美好的段时光。那样的监狱简直不是人居住的地方，狭窄得连转身都困难，唯一的细小窗口里几乎看不到阳光，冬天寒冷难忍，夏天蚊虫叮咬……真不明白，上苍为什么不惩罚那个陷害我的家伙，即使将他千刀万剐，也难以解我心头之恨啊！”

75 岁那年，在贫病交加中，他终于卧床不起。弥留之际，牧师来到了他的床边，说：“可怜的孩子，去天堂之前，忏悔你在人世间的一切罪恶吧……”牧师的话音刚落，病床上的他声嘶力竭地叫喊起来：“我没有什么需要忏悔，我需要的是诅咒，诅咒那些施予我不幸命运的人……”牧师问：“您因受冤屈在监狱待了多少年？离开监狱后又生活了多少年？”他恶狠狠地将数字告诉了牧师。

牧师长叹了一口气:“可怜的人,您真是世上最不幸的人,对您的不幸,我真的感到万分同情和悲痛!他人囚禁了你区区10年,而当你走出监牢本应获取永久自由的时候,您却用心底里的仇恨、抱怨、诅咒囚禁了自己整整40年!”

一位公司职员,一天觉得自己好像生病了,就去图书馆借了本医学手册,看该怎样治自己的病。他一口气读完了该读的内容,然后又继续读下去。当他读完介绍霍乱的内容时,方才明白,自己患霍乱已经几个月了。他被吓住了,呆呆地坐了好几分钟。

后来,他很想知道自己还患有什么病,就依次读完了整本医学手册。这下可明白了,除了膝盖积水症外,自己身上什么病都有!他非常紧张,在屋子里来回踱步。他认为:“医学院的学生们,用不着去医院实习了,我这个人就是一个各种病例都齐备的医院,他们只要对我进行诊断治疗,然后就可以得到毕业证书了。”

他迫不及待地想弄清楚自己到底还能活多久!于是,他就搞了一次自我诊断:先动手找脉搏,起初连脉搏也没有了!后来他才突然发现,脉搏一分钟跳140次!接着,他又去找自己的心脏,但无论如何也找不到!他感到万分恐惧,最后他认为,心脏总会在它应在的地方,只不过自己没找到罢了……

他往图书馆走时,觉得自己是个幸福的人;而当他走出图书馆时,却被自己营造的“心理牢笼”所监禁,完全变成了一个全身都有病的老头。他去找自己的私人医生,一进医生的家门,他就说:“亲爱的朋友!我不给你讲我有哪些病,只说一下没有什么病,我的命不会长了!我只是没有得膝盖积水症。”医生给他做了诊断,坐在桌边,在纸上写了些字就递给了他。他顾不上看处方,就塞进口袋，立刻去取药。赶到药店，他匆匆把处方递给药剂师，药剂师看了一眼，就退给他说："这是药店，不是食品店，也不是饭店。"他很惊奇地望了药剂师一眼，拿回处方一看，原来上面写的是："煎牛排一份，啤酒一瓶，6小时一次；走1000米路程，每天早上一次。"他照这样做了，一直健康地活到现在。这位职员幸亏治疗及时，否则一定会被自己营造的"心理牢笼"所囚禁，最后非得病不可。

现实生活里，有不少人喜欢用自己不懂的事情塞满自己的脑袋，把一些不相干的事与自己联系在一起，造成了心理障碍。殊不知，不懂的事，就是不理解，不理解的东西是自己无法占有的。如果盲目地相信某些毫无根据的感觉，使自己失去理智的判断能力，最后被囚禁的就是自己。

人的"心理牢笼"千奇百怪、五花八门，但它们都有一个共同的特点，那就是这些所谓的"心理牢笼"都是人自己营造的。别人对自己不好，就充满仇恨、诅咒；自己做错了一点事情，就老是责备自己的过失；有些人总是唠叨自己的坎坷往事和不平待遇；有些人念念不忘生活和疾病所带来的痛苦……时间一长，个人就会不知不觉地把自己囚禁在"心狱"之中，就像故事中的那个可怜的人一样，至死都没有觉悟，哪还有时间去追求成功呢?

一个渴望有所成就的人，必须走出自己的"心狱"。

第四章
激发生命潜能，开创美丽人生

反击别人不如充实自己

如何才能更好地发展自己，走出被折磨的困境？是反击那些折磨你的人，还是反过来更好地充实自己？显然，充实自己是一种更好也更有效的策略。

曾经有人说，人类出生时之所以哇哇大哭，是因为人类预知到生命必然充满痛苦。

人生是充满了痛苦，那我们应该通过怎样的努力使自己离开这个世界的时候能够不再悲伤呢？方法只有一个，那就是不断充实自己、战胜苦难，使生命取得它应有的辉煌。

一切都要靠自己用心灵去体验，无论痛苦有多么难以忍受，你都不要放弃，正因为这些苦难，我们才更坚强、更勇敢。多充实自己，人生就会多一分精彩。

成功学大师戴尔·卡耐基刚开始拓展事业的时候，经常在全国各地巡回演讲，举办一些成人教育班和座谈会。

某次的活动里，来了一位纽约《太阳报》的记者，他后来在报道中毫不留情地攻击卡耐基和他所热爱的工作。

这对年轻气盛的卡耐基来说，不只是一桶泼在头上的冷水，简直是一桶恶臭难当的馊水。

卡耐基看了报纸，越想越恼火。这些文字侮辱了他的人格、他的理想以及他全心全意专注的事业，根本是这个记者在刻意歪曲捏造事实。

气急败坏之下，卡耐基马上打电话给《太阳报》执行委员会的主席，要求刊登一篇声明，以澄清真相。是可忍，孰不可忍，卡耐基当时只有一个念头，就是一定要让犯错的人受到应有的惩罚。

几年之后，卡耐基的事业规模越来越庞大，他不禁为自己当时的幼稚行为感到惭愧。

因为，直到这时他才体会到，当时气冲冲地发表自己的声明，想要借此昭告天下、澄清事实，但是实际上，看那份报纸的人当中也许只有 1/10 会看到那篇文章；看到那篇文章的人里面可能有 1/2 会把它当成一件微不足道的小事，而真正注意到这篇文章的人里面，又有 1/2 会在几个礼拜之后，把这件事忘得一干二净，如此一来，刊登这篇文章有什么作用呢?

经过一番思考，卡耐基的处世态度更为成熟，他明白了一个道理：在你的能力范围内，尽可能做你应该做的事，然后把你的破伞收起来，免得任意批评你的雨水顺着脖子向后背流下去，当你不停地充实自己，那些攻击就会不攻自破了。

面对别人的批评指教，你可以回敬同样的“礼数”，这也许会使你的怨气得以宣泄，但是却不会让你有更好的名声。因为，当你反击对手、平反自己时，你还是同一个你，根本没有一点进步：喜欢你的人依然喜欢你，不接受你的人还是不接受你。

这就像生气地把一块大石头丢进海水里，只会有一瞬间的水花，转眼却又风平浪静。多充实自己，你就会像一座山一样，慢慢超过所有的山，甚至高过空中的白云，这时，也许对别人的折磨，你只会有感激的想法了。

积极心态能激发无穷潜能

潜能无时无刻不在，你的心态将是决定潜能发挥与否的一大关键因素，只要你保持积极心态，就能激发自己的无限潜能。

无数成功人士的奋斗历程已经验证：成功是由那些抱有积极心态的人所取得的，并由那些以积极的心态努力不懈的人所保持。拥有积极的心态，即使遭遇困难，也可以获得帮助，事事顺心。

生命本身是短暂的，但是为什么有的人过得丰富多彩，充满朝气和进取精神，有的人却生活得枯燥无味，没有一点风光和活力？生活也许是一支笛、一面锣，吹之有声，敲之有音，全看你是不是积极去吹去敲，去创造自己生活的节奏和旋律。

有人说："我不会吹、不会敲怎么办，积极的人会告诉你，不吹白不吹，不敲白不敲，消极等待只能浪费生命。"是的，活在世上，何必等待，何必懒惰？等待等于自杀，懒汉也并不能延长生命一分一秒。

从前，有一群青蛙组织了一场攀爬比赛，比赛的终点是：一个非常高的铁塔的塔顶。一大群青蛙围着铁塔看比赛，给它们加油。

比赛开始了。

老实说，群蛙中没有谁相信这些小小的青蛙会到达塔顶，他们都在议论：

"这太难了！！它们肯定到不了塔顶！""他们绝不可能成功的，塔太高了！"

听到这些，一只接一只的青蛙开始泄气了，只有几只情绪高涨的还在往上爬。群蛙继续喊着："这太难了！！没有谁能爬上塔顶的！"

越来越多的青蛙累坏了，退出了比赛。但，有一只却越爬越高，一点没有放弃的意思。

最后，其他所有的青蛙都退出了比赛，除了一只，它费了很大的劲，终于成为唯一一只到达塔顶的胜利者。

很自然地，其他所有的青蛙都想知道它是怎么成功的。有一只青蛙跑上前去问那只胜利者它哪来那么大的力气爬完全程。

它发现：这只青蛙是个聋子！

永远不要听信那些习惯消极悲观看问题的人，保持积极乐观的心态。总是记住你听到的充满力量的话语，因为所有你听到的或读到的话语都会影响你的行为。

拥有积极的心态，是一个成功者必备的素质。积极的心态，能够使人上进，能够激发人潜在的力量。

生命的潜能是无穷的

敢于死中求活，才能绝处逢生。改变生活的宽度与深度，我们也能创造源源不绝的生命动力。

德国大文豪歌德说过："生活在理想中的世界，就是要把不可能的东西当作仿佛可行的东西来对待。"话说得很中肯，人的生命对于茫茫宇宙就宛如大海中的一叶孤舟，渺小、脆弱。可是生命的潜能永远没有极限，要想在这个世界上取得成功，就必须开发自己的生命潜能。

腔棘鱼又称“空棘鱼”，由于脊柱中空而得名，是目前世界上十分罕见的鱼类，由于科学家在白垩纪之后的地层中找不到它的踪影，因此认为这个登陆英雄已经告别了世间，全部灭绝了。1938 年在南非，科学家却发现了一条腔棘鱼，这个史前鱼种还活着！在距今 4 亿年前的泥盆纪时代，腔棘鱼的祖先凭借强壮的鳍，爬上了陆地。经过一段时间的挣扎，其中的一支越来越适应陆地生活，成为真正的四足动物；而另一支在陆地上屡受挫折，又返回大海，并在海洋中寻找到一个安静的角落，与陆地彻底告别了。

这个安静的角落就是 1 万多米深的海底。众所周知，人类入海比登天还要难。首先是巨大的压力：水深每增加 10 米，压力就要增加 1 个大气压。在 1 万多米深的海底，压力将高达 1000 个大气压，别说人的血肉之躯，就是普通的钢铁构件也会被压得粉碎。还有海底的恶劣环境，黑暗、寒冷！太阳光进入海中很快被吸收，水深 10 米处的光能只及海洋表面的 18%，100 米深处则只有 1% 了。光线稀少，热量自然难留，水下的寒冷、黑暗可想而知。然而，腔棘鱼通常生活在非常深的海底，并把自己隐藏在海底礁石的洞穴里。在恶劣的海底世界里，它们以生存为目标，不断给自己施加压力，学会与压力共处，在自己的历史空间里痛并快乐地生存着，超乎想象地存在了 4 亿年！

科学家研究发现，人类的潜能平均开发程度只有 10% 左右。可见，人类还有绝大部分的潜力没有得到有效的利用，一旦这些潜能得到开发，人类所能爆发的能力一定是惊人的。

生命的潜能是无穷的，承受得了难以想象的困难和压力。只有承受住压力的生命，才能真正开发出自己的潜能，显现出自己的美丽。能负重前行的人，才会拥有多姿多彩的人生。

开发你的生命潜能

潜能是每个人固有的天然宝库，每个人身上都有一个取之不尽、用之不竭的潜能宝库。不过大多数人心中的巨人是在酣睡的，一旦巨人醒来，宝库打开，能量之大连你自己都吃惊。

你还在认为自己没有能力，自己很没用吗？其实，那是因为你没有发现自己的能力。努力去开发自己的生命潜能，你就能发现自我价值。

李扬是中国著名的配音演员，被戏称为“天生爱叫的唐老鸭”。李扬在初中毕业后参了军，在部队当一名工程兵，他的工作内容是挖土、打坑道、运灰浆、建房屋。可是李扬明白，自己身上潜在的宝藏还没有开发出来：那就是自己一直心爱的影视艺术和文学艺术。

在一般人看来，这两种工作简直是风马牛不相及。但李扬却坚信自己在这方面有潜力，应该努力把它们发掘出来。于是他抓紧时间工作，认真读书看报，博览众多的名著剧本，并且尝试着自己搞些创作。退伍后李扬成了一名普通工人，但是他仍然坚持追求自己的目标。没有多久，大学恢复招生考试，李扬考上了北京工业大学机械系，成了一名大学生。从此，他用来发掘自己身上宝藏的机会和工具就一下子多了起来。经几个朋友的介绍，李扬在短短的5年中参加了数部外国影片的译制录音工作。这个业余爱好者凭借着生动的、富有想象力的声音风格，参加了《西游记》中的美猴王的配音工作。1986年初，他迎来了自己事业的辉煌时刻，风靡世界的动画片《米老鼠和唐老鸭》招聘汉语配音演员，风格独特的李扬一下子被迪士尼公司相中，为可爱滑稽的唐老鸭配音，从此一举成名。李扬说，自己之所以成功，是因为一直没有停止过挖掘自己的长处。

这世上每一个人都拥有一种伟大而令人惊叹的力量。这种力量一旦运用得当，将带给你信心而非羞怯，平静而非混乱，泰然自若而非无所适从，心灵的平静而非痛苦。

千百万的人都在抱怨他们命运不济，他们厌倦生活……以及周围这个世界运转的方式，但却没有意识到：在他们身上有一种力量，这种力量会使他们获得新生。

一旦你意识到了这种力量的存在并开始运用它，你就会改变自己的整个生活，使生活变成你所喜欢的样子。一种原本充满悲伤的生活可以变得充满快乐，失败可能会转化为成功。当贫穷吞噬着你的生活的时候，你可以将它变成一种幸运。羞怯可以转化为信心，充满失望的生活会变得妙趣横生和令人愉快。

把别人的折磨当成前进的动力

孔子曰：“岁寒，然后知松柏之后凋也。”

你曾经被你的语文老师要求抄写生字10遍吗？你曾经被你的体育老师要求跑1000米吗？你曾经被你的上司训话吗？你曾经被你的顾客抢白而无言以对吗……生活中的折磨无处不在，那你是怨天尤人，忧虑度日，还是面对折磨，更加奋勇前进？这取决于你的选择。记住，你的选择会决定你的命运。

把折磨当成自己前进的动力，使自己经受折磨的雕琢，最终走向成功，才是你最明智的选择。

美国的一所大学进行了一个很有意思的实验。实验人员用很多铁圈将一个小南瓜整个箍住，以观察它逐渐长大时，能抵抗多大的压力。起初实验者估计南瓜最多能够承受 400 磅 (约 181 千克) 的压力。

在实验的第一个月，南瓜就承受了 400 磅的压力，实验到第二个月时，这个南瓜承受了 1000 磅 (约 454 千克) 的压力。当它承受到 2100 磅 (约 1089 千克) 的压力时，研究人员开始对铁圈进行加固，以免南瓜将铁圈撑开。

当研究结束时，整个南瓜承受了超过 4000 磅 (约 1814 千克) 的压力，到这时，瓜皮才因为巨大的反作用力产生破裂。

研究人员取下铁圈，费了很大的力气才打开南瓜。它已经无法食用，因为试图突破重重铁圈的压迫，南瓜中间充满了坚韧牢固的层层纤维。为了吸收充足的养分，以便于提供向外膨胀的力量，南瓜的根系总长甚至超过了 8 万英尺 (约 2438 千米)，所有的根不断地往各个方向伸展，几乎穿透了整个实验田的每一寸土壤。

南瓜因为外界的压力而变得更加茁壮，人生也是如此。许多时候我们夸大了那些强加在我们身上的折磨的力量，其实生命还可以承受更大的压力，因为只要你想，你就能开发出更加惊人的潜能。

在多难而漫长的人生路上，我们需要一颗健康的心，需要绚烂的笑容。苦难是一所没有人愿意上的大学，但从那里毕业的，都是强者。

做你自己的伯乐

如果没有其他人来发现你，那你就自己发现自己吧！做自己的伯乐，你才能取得成功。

1972年，新加坡旅游局给总理李光耀打了一份报告，大意是说：“我们新加坡不像埃及有金字塔；不像中国有长城；不像日本有富士山；不像夏威夷有十几米高的海浪。我们除了一年四季直射的阳光，什么名胜古迹都没有。要发展旅游事业，实在是巧妇难为无米之炊。”

李光耀看过报告，非常气愤。据说他在报告上批了这样一行字：“你想让上苍给我们多少东西？阳光，阳光就够了！”

后来，新加坡利用那一年四季直射的阳光，种花植草，在很短的时间里，发展成为世界上著名的“花园城市”。连续多年旅游收入名列全亚洲第三位。

上苍给每个国家、每个地区的东西，确实都不是太多。

就拿我们身边知道的来说，它仅给杭州一个西湖；仅给曲阜一个孔子。就个人而言，它给每个人的东西同样也少之又少，它只给了牛顿一个苹果，并且还是掷过去的；它只给了迪士尼一只老鼠，这只老鼠并且是在迪士尼自己连一块面包都吃不上的时候到达的。

上苍的馈赠虽然少得可怜，但它是酵母。只要你是位有心人，你会惊喜地发现上苍的馈赠是多么的丰厚。

聪明的江南人利用西湖把杭州变成了天堂；智慧的北方人则

利用孔子把曲阜变成了圣城。

你虽然没有别人英俊潇洒，但你可能身强体壮；你虽然不会琴棋书画，但你可能思维敏捷，逻辑清晰……上苍不会给人全部，但他绝对不会亏待你，所以你一定要做自己的伯乐，发掘自己的潜能。

一个天寒地冻的深夜，W. 翟莫西·盖尔卫，一位年轻的加利福尼亚人，正独自驱车穿过缅因州边远的森林地带。他的车轮突然打滑，车子撞进了路旁的雪堆。20分钟过去了，盖尔卫没有看到一辆车路经此地。看来待在车里等着是毫无指望了，他认为最好的出路是步行去求援。于是他身穿便服和一件运动衫，开始向来路跑去。稀薄而寒冷的空气，使他几分钟之后便气喘吁吁了，一阵疲乏感袭来，他觉得浑身麻木，接着是令人瘫软的恐惧，“我会死在这冰天雪地之中的！”他意识到。

这个念头如此可怕，盖尔卫的脚步不知不觉地停了下来。过了一会儿，由于他承认了现实，他的恐惧发生了短路。他对自己说：“如果我真的要死了，光发愁也无济于事。”这时，他突然觉察到，周围的一切是那样美丽：寂静的夜、闪烁的星星、被雪景衬托得格外分明的树木。盖尔卫没有想到，自己竟然渐渐地恢复了体力，于是他一口气跑了40分钟，终于找到了一户友善的人家。

盖尔卫没有想到，他突然之间显示出的奇怪的内部能量，竟会成为他后来所从事的事业的基础，并由此创造了他所谓的和失望恐惧赛跑的“内心竞赛”的理论。在他作为一名运动员和一位教师的多年实践之后，盖尔卫认识到，在那个严寒的夜晚使他得救的正是人类所共有的一种巨大的潜能，问题在于人们是否肯使用它。

还有一个故事是这样说的：有一个探险家，他走进了非洲的荒野中。他随身带了一些不怎么值钱的小装饰品，打算送给当地的土著人。在这些东西当中，有两面真人大小的镜子。他把这两面镜子靠着两棵树放好，然后就坐下来和他的手下人谈论有关探险的情况。这时候探险家注意到有个土著人手里拿着长矛正在向镜子走过来，当他向镜子里望去的时候，他看见了自己的影子，于是开始向镜子里的对手刺去，好像它真的是个土著人一样，仿佛要杀了他。当然，土著人打碎了这面镜子。这时候，探险家向这个土著人走去，问他为什么要打碎镜子。这个土著人回答说："他要杀我，我就先杀了他。"探险家向土著人解释说，镜子不是用来干这个的，并领他走到第二面镜子那边去。他对土著人解释说："看，镜子是这样一个东西——通过它，你可以看到你的头发有没有梳直，你脸上的油彩涂得是否合适，你的胸部多么健壮，你的肌肉多么发达。"这个土著人回答说："噢，我不知道。"

成千上万的人都这样，他们的情形和这个土著人差不多。他们穷其一生和生活作战。在生命的每个转折点上，他们都以为会有一场战斗，而情况最终也确实是这样。他们预计会有敌人，而他们确实遇到了敌人；他们预计困难会接踵而至，而事情也恰好就是这样。"如果事情不是这样，那么它就是那样……总会发生点什么。"对于成千上万的没有能够认识到这种巨大的力量的人来说，事情过去是这样，将来也还会是这样。成千上万的人继续过着平淡、普通、痛苦的生活，因为这种巨大的力量从他们身边悄悄溜走了，他们就再也抓不住它了。生活中的你绝对不要像土著人那样，穷其一生都不能发现自己的力量。发现你自己、做自己的伯乐，你就能走向成功。

不要让别人拿走你的潜能

拥有潜能，你首先要保护自己的潜能，再充分发挥潜能，才会有成功的机会。

在生活中，很多人都拥有优于其他人的潜能，但是，这些人却不会保护自己的潜能，导致许多人最后终其一生都没将潜能发挥出来，平庸度日。

要想成功，一个人必须注意不要让别人拿走你的潜能。

在遥远的国度里，住着一窝奇特的蚂蚁，它们有预知风雨的能力。而最近蚂蚁们清楚地知道，有巨大的暴风雨正逐渐逼近，整窝蚂蚁全部动员，往高处搬家。

这窝蚂蚁之所以奇特，不在于它们预知气候的能力，许多其他动物也具备这样的天赋。它们的特别之处是整窝蚂蚁都只有五只脚，并不像一般蚂蚁长有六只脚。

由于它们只有五只脚，行动也就没有一般蚂蚁快捷，整个搬家的行动缓慢。虽然面对暴风雨来袭的沉重压力，每只蚂蚁心中都焦急不堪，行动却半点也快不了。在漫长的搬家队伍中，有一只蚂蚁与众不同，它的行动快速，不停地往返于高地与蚁窝之间，来回一趟又一趟，仿佛不知劳累，辛苦地尽力抢搬蚁窝中的东西。这只勤快的蚂蚁引起了五脚蚂蚁群的注意，它们仔细观察它的动作，终于找出这只蚂蚁动作如此敏捷的关键，它有六只脚！五脚蚂蚁的搬家队伍整个暂停下来，它们聚在一起，窃窃私语，讨论这只与它们长得不同，行动却快过它们数倍的六脚蚂蚁。经过冗长的讨论后，五脚蚂蚁们终于达成共识。它们扑上前去，抓住那只六脚蚂蚁，一阵撕咬过后，将它那多出来的一只脚扯了下来。行动迅速的那只蚂蚁被扯去一只脚，也变成了平凡的五脚蚂蚁，在搬家的行列中，迟缓地跟随大家移动。五脚蚂蚁们很高兴它们能除去一个异类，增加一个同伴，这时，雷声已在不远处隆隆地响起。

常常在我们接触到一个新的机会，有了一个好的创意，或是工作取得进步时，五脚蚂蚁群便会适时出现。他们会告诉你，你得到的机会是陷阱，你的好创意是行不通的，或是提醒你，工作勤奋不一定会有好的报偿。无所不用其极的目的，是想扯去你突然间多出来的一只脚。

尤其是当你正确地运用出你的潜能时，周围类似五脚蚂蚁般的消极意识更会增加，各式各样不可能的思想蜂拥而至，企图要你放弃他们所不懂的潜能，让你成为平庸的人。在这个时候，你一定要很好地把握自己，用你自己的独立思想来保护自己多出来的那只“脚”。坚持你自己的想法，珍惜自己得到的机会，发挥自己独特的创意，更加勤奋地工作，加倍地发挥你自己最大的潜能。这样你才能在未来获得成功。

在行动中激发自己的潜能

任何时候都不要坐在那里等待，从现在起就开始行动，在行动中激发自己的潜能，说不定你就能创造奇迹！生活中的你是否还在为命运不济而哀叹呢？如果是，那还是赶紧收起这些怨天尤人的论调吧！行动起来，在行动中激发自己的潜能，说不定你就能创造奇迹。

在美国颇负盛名、人称“传奇教练”的伍登，在全美12年的篮球年赛当中，帮助加州大学洛杉矶分校赢得了10次全美总冠军。如此辉煌的成绩，使伍登成为大家公认的有史以来最成功的篮球教练之一。

曾经有记者问他：“伍登教练，请问你如何保持这种积极的心态？”伍登很愉快地回答：“每天我在睡觉以前，都会提起精神告诉自己：我今天的表现非常好，而且明天的表现会更好。”“就只有这么简短的一句话吗？”记者有些不敢相信。伍登坚定地回答：“简短的一句话？这句话我可是坚持了20年！重点和简短与否没关系，关键是在于你有没有持续去做，如果无法持之以恒，就算是长篇大论也没有帮助。”

伍登的积极心态超乎常人，不单只是对篮球的执着，对于其他的生活细节也是保持这种精神。例如有一次他与朋友开车到市中心，面对拥挤的车流，朋友感到不满，继而频频抱怨，但伍登却欣喜地说：“这里真是个热闹的城市。”

朋友好奇地问：“为什么你的想法总是异于常人？”

伍登回答说：“一点都不奇怪，我是用心里所想的事情来看待，不管是悲是喜，我的生活中永远都充满机会，这些机会的出现不会因为我的悲或喜而改变，只要不断地让自己保持积极的心态，一刻也不停地去行动，我就可以把握机会，激发更多的潜在力量。”

其实每个人都有伍登那样的潜力，但是大部分人不能像伍登那样，时刻保持积极的心态去努力。如果每个人都能像伍登一样，那他也一定会是一个有才华的人，并且在行动中不断进步，创造奇迹的可能就会时刻存在。

做最好的自己

你可能不会成为世界上最好的，但你可以做最好的自己。只要做好了自己，你就能获得你想要的一切。

一位诗人说过：“不可能每个人都当船长，必须有人来当水手，问题不在于你干什么，重要的是能够做一个最好的你。”把身边的工作做好，就是生活中的成功。

一大早，格尔就开着小型运货汽车来了，车后扬起一股尘土。他卸下工具后就干起活来。格尔会刷油漆，也会修修补补，能干木匠活，也能干电工活，修理管道，整理花园。他会铺路，还会修理电视机。他是个心灵手巧的人。

格尔上了年纪，走起路来步子缓慢、沉重，头发理得短短的，裤腿挽得很高，以便于给别人干活。

他的主人有几间草舍，其中有一间，格尔在夏天租用。每年春天格尔把自来水打开，到了冬天再关上。他把洗碗机安置好，把床架安置好，还整修了路边的牲口棚。

格尔摆弄起东西来就像雕刻家那样有权威，那种用自己的双手工作的人才有的权威。木料就是他的大理石，他的手指在上边摸来摸去，摸索什么，别人不太清楚。一位朋友认为这是他自己的问候方式，接近木头就像骑手接近马一样，安抚它，使它平静下来。而且，他的手指能“看到”眼睛看不到的东西。

有一天，格尔在路那头为邻居们盖了一个小垃圾棚。垃圾棚被隔成三间，每间放一个垃圾桶，棚子可以从上边打开，把垃圾袋放进去，也可以从前边打开，把垃圾桶挪出来。小棚子的每个盖子都很好使，门上的合页也安得严丝合缝。

格尔把垃圾棚漆成绿色，晾干。一位邻居走过去看一看，为这竟是一个人用手做的而不是在什么地方买的而感到惊异。邻居用手抚摸着光滑的油漆，心想，完工了。不料第二天，格尔带着一台机器又回来了。他把油漆磨毛了，不时地用手摸一摸。他说，他要再涂一层油漆。尽管照别人看来这已经够好了，但这不是格尔干活的方式。经他的手做出来的东西，看上去不像是手工做的。

在格尔的天地中，没有什么神秘的东西，因为那都是他在某个时候制作的，修理的，或者拆卸过的。保险盒、牲口棚、村舍全是出自格尔的手。

格尔的主人们从事着复杂的商业性工作。他们发行债券，签订合同。格尔不懂如何买卖证券，也不懂怎样办一家公司。但是当做这些事时，他们就去找格尔，或找像格尔这样的人。他们明白格尔所做的是实实在在的、很有价值的工作。

当一天结束的时候，格尔收拾工具，放进小卡车，然后把车开走了。他留下的是一股尘土，以及至少还有一个想不通的小伙伴。这个人纳闷，为什么格尔做得这样多，可得到的报酬却这样少。

然而，格尔又回来干活儿了，默默无语，独自一人，没有会议，也没有备忘录，只有自己的想法。他认为该干什么活就干什么活，自己的活自己干，也许这就是自由的一个很好的定义。

是的，如果你能心无旁骛，专心致志地做好自己的事，做最好的自己，你就能在不知不觉中超越众人，跨越平庸的鸿沟，在众人中脱颖而出。

做最好的自己，将自我潜能完全发挥出来，成功离你就不会遥远。

第五章
信念在挫折中闪光

信念就是成功的天机

信念是一个人的精神支柱，在你疲倦时，抚慰你的心灵，直到你获得成功。

俄国的著名画家列宾说过：“没有原则的人是无用的人，没有信念的人是空虚的废物。”一个人不怕能力不够，就怕失去了前进的信念。拥有信念的人，从某种意义上说，就是不可战胜的人。

在山东省有个不起眼的小村子叫姜村，这个小村子因为这些年几乎每年有几个人考上大学、硕士甚至博士而声名远扬。方圆几十里的人们没有不知道姜村的，父老乡亲都说，姜村就是那个出大学生的村子。久而久之，人们不叫姜村了，大学村成了姜村的新村名。

姜村只有一所小学校，每一年级都只有一个班。以前的时候，一个班只有十几个孩子。现在不同了，方圆十几个村，只要在村里有亲戚的，都千方百计把孩子送到这里来。朴实的乡亲认为，把孩子送到姜村，就等于把孩子送进大学了。

在惊叹姜村奇迹的同时，人们也都在问，在思索：是姜村的水土好吗？是姜村的父母掌握了教孩子的秘诀吗？还是别的什么？

假如你去问姜村的人，他们不会告诉你什么，因为他们对于所谓的秘密似乎也一无所知。

在 20 多年前，姜村小学调来了一个 50 多岁的老教师。听人说这个教师是一位大学教授，不知什么原因被贬到了这个偏远的小村子。这个老师教了不长时间以后，就有一个传说在村里流传：这个老师能掐会算，他能预测孩子的前程。于是，有了下面的情形：有的孩子回家说，老师说了，我将来能成数学家；有的孩子说，老师说我将来能成作家；有的孩子说，老师说我将来能成音乐家；有的孩子说，老师说我将来能成钱学森那样的人；等等。

不久，家长们又发现，他们的孩子与以前不大一样了，他们变得懂事而好学，好像他们真的是当数学家、作家、音乐家的料。

老师说会成为数学家的孩子，对数学的学习更加刻苦；老师说会成为作家的孩子，语文成绩更加出类拔萃。孩子们不再贪玩，不用像以前那样严加管教，他们都变得十分自觉。因为他们都被灌输了这样的信念：他们将来都是杰出的人，而有好玩、不刻苦等特点的孩子都是成不了杰出人才的。

家长们将信将疑，莫非孩子真的是大材料，被老师道破了天机？

就这样过去了几年，奇迹发生了。这些孩子到了参加高考的时候，大部分以优异的成绩考上了大学。

这个老师在姜村人的眼里变得神乎其神，他们让他看自己的宅基地、测自己的命运。这个老师却说，他只会给学生预测，不会其他的。

后来，老教师上了年纪，回了城市，但他把预测的方法教给了接任的老师。接任的老师还在给一级一级的孩子预测着，而且，他们坚守着老教师的嘱托：不把这个秘密告诉给村里的人们。

强烈的自信心和由此产生的崇高信念，能产生使人奋进的巨大能量。你相信自己会成为什么样的人，往往就真的会成为什么样的人，成功总是与自信同路。

人可以缺少一点能力，但不能没有信念。如果你现在还在迷迷糊糊地过日子，混一天是一天，那你就该思考一下自己的前途了。

绝不放弃万分之一的成功机会

哪怕只有万分之一的机会，你也不要放弃它。很多人都是借此而脱离困境的，你为什么要放弃上天的恩赐呢？

其实，这个世界并不会偏爱任何一个人，上天对任何人都是公平的，就像爱因斯坦所说的那样："上苍高深莫测，但他并无恶意。"所以，任何一件好事、坏事发生的几率都是一样的，也就是说，如果好事情有可能发生，不管这种可能性多么小，它也是会发生的。

从这个推论中，我们可以得知，成功有时来自很小的机会，当这种机会来临的时候，关键是你是否能够发觉并抓住它。"不放弃任何一个哪怕只有万分之一可能的机会。"这是著名企业家甘布士的经验之谈。有一次，甘布士要搭火车去外地，但事先没有买好车票。这时刚好是圣诞前夕，到外地去度假的人很多，因此火车票很难买到。

甘布士夫人打电话到车站询问，答复是车票已经全部卖完，不过如果不怕麻烦的话，可以到车站碰碰运气，看是否有人临时退票。车站还特别强调一句：这种机会或许只有万分之一。

甘布士欣然提了行李赶到车站，可是等了好久，一直没有人退票，甘布士仍然耐心等待。就在火车还有5分钟就要开时，一个女人匆忙来退票，因为她家里有急事，旅行只得改期。甘布士如愿以偿，搭上了火车。

到了目的地，甘布士给夫人打了一个长途电话："我抓住了那只有万分之一的机会了，因为我相信，一个不怕吃亏的笨蛋才是真正的聪明人。"

甘布士在生活中正是靠着不放弃万分之一机会的执着，终于在芸芸众生中脱颖而出，从一家制造厂的小技师，成为拥有5家百货商店的老板，然后又成为企业界举足轻重的人物。

甘布士的成功经历的确让人获益匪浅。在通往成功的道路上，处处都有可能被错过的良机。因此我们要像甘布士那样，不怕吃亏，善于把握机会，哪怕是万分之一的机会也不能放弃，并且努力去奋斗，就一定能实现人生的理想。

一切皆有可能

一切皆有可能，这是大自然给我们的启示。坚信这一点，你就能创造奇迹。

别人提到一件新奇的事，你是否有过这样的反应："不可能！"很多人有过这样的经历。人在生活中打磨得太久，思维变得僵化，目光变得浑浊，只会亦步亦趋，平庸一世。

在自然界中，有一种十分有趣的动物，叫作大黄蜂。曾经有许多生物学家、物理学家、社会行为学家联合起来研究这种生物。

根据生物学的观点，所有会飞的动物，其条件必然是体态轻盈、翅膀十分宽大的；而大黄蜂这种生物，却正好跟这个理论反其道而行。大黄蜂的身躯十分笨重，而翅膀却是出奇的短小。依照生物学的理论来说，大黄蜂是绝对飞不起来的；而物理学家的论调则是，大黄蜂的身体与翅膀比例的这种设计，从空气动力学的观点来看，同样是绝对没有飞行的可能。简单地说，大黄蜂这种生物，根本是不可能飞得起来的。

可是，在大自然中，只要是正常的大黄蜂，却没有一只是不能飞的；甚至于它飞行的速度，并不比其他能飞的动物慢多少。这种现象，仿佛是大自然和科学家们开了一个很大的玩笑。最后，社会行为学家找到了这个问题的答案。很简单，那就是——大黄蜂根本不懂“生物学”与“空气动力学”。每一只大黄蜂在它成熟之后，就很清楚地知道，它一定要飞起来去觅食，否则就必定会活活饿死！这正是大黄蜂之所以能够飞得那么好的奥秘。

如果你的思维凝滞了，不妨去看看大自然，人在伟大的事物面前才能体会到人生的深邃和世界的神奇，在这个世界上，一切皆有可能，只要你始终坚信这样的信念，你就能创造奇迹！

用信念支撑行动

任何时候，你都不要放弃信念，因为信念能够支撑你的行动，助你战胜任何困难。

我们常把信念看成是一些信条，以为它只能在口中说说而已。但是从最基本的观点来看，信念是一种指导原则和信仰，让我们明了人生的意义和方向，信念是人人可以支取，且取之不尽的；信念像一张早已安置好的滤网，过滤我们所看到的世界；信念也像脑子的指挥中枢，指挥我们的脑子，照着我们所相信的，去看事情的变化。

斯图尔特·米尔说过："一个有信念的人，所发出来的力量，不下于99位仅心存兴趣的人。"这也就是为何信念能开启卓越之门的缘故。

若能好好控制信念，它就能发挥极大的力量，开创美好的未来。

可以说，信念是一切奇迹的萌发点。

在诺曼·卡曾斯所写的《病理的解剖》一书中，说了一则关于20世纪最伟大的大提琴家之一——卡萨尔斯的故事。这是一则关于信念和更新的故事，相信你我都会从中得到启示。

卡曾斯和卡萨尔斯会面的日子，恰在卡萨尔斯90大寿前不久。卡曾斯说，他实在不忍看那老人所过的日子。他是那么衰老，加上严重的关节炎，不得不让人协助穿衣服；呼吸很费劲，看得出患有肺气肿；走起路来颤颤巍巍，头不时地往前颠；双手有些肿胀，十根手指像鹰爪般地勾曲着。从外表看来，他实在是老态龙钟。

就在吃早餐前，他走近钢琴，那是他最擅长的几种乐器之一。他很吃力地坐上钢琴凳，颤抖地把那勾曲肿胀的手指放到琴键上。

霎时，神奇的事发生了。卡萨尔斯突然像完全变了个人，显出飞扬的神采，而身体也开始活动并弹奏起来，仿佛是一位神采飞扬的钢琴家。卡曾斯描述说："他的手指缓缓地舒展移向琴键，好像迎向阳光的树枝嫩芽，他的背脊直挺挺的，呼吸也似乎顺畅起来。"弹奏钢琴的念头完完全全地改变了他的心理和生理状态。当他弹奏巴赫的《钢琴平均律》一曲时，是那么纯熟灵巧，丝丝入扣。随之他奏起勃拉姆斯的协奏曲，手指在琴键上像游鱼一样轻快地滑着。"他整个身子像被音乐融解，"卡曾斯写道，"不再僵直和佝偻，代之的是柔软和优雅，不再为关节炎所苦。”在他演奏完毕，离座而起时，跟他当初就座弹奏时全然不同。他站得更挺，看来更高，走起路来双脚也不再拖着地。他飞快地走向餐桌，大口地吃着饭，然后走出家门，漫步在海滩的清风中。

这就是信念的力量，一个有着坚强信念的人，即使衰老和病魔也不能打败他。用信念支撑你的行动，你就能健步向前，拥有一个充实的人生。

充满希望就能挖出生命的宝藏

时常把希望放在心头，再困难的环境下也不放弃希望，你就可能获得最后的成功。

居里夫人曾经说过：“我的最高原则是：不论遇到什么困难，都绝不屈服。”生活中时常会出现不顺的情况，折磨人的逆境在所难免。记住，在任何时候，都不要放弃希望，即使再困难的境况，也要坚持，用希望拥抱心灵，最终你会迎来雨过天晴的那一天。

这是发生在非洲的一个真实的故事。

6 名矿工在很深的井下采煤。突然，矿井坍塌，出口被堵住，矿工们顿时与外界隔绝。

大家你看看我，我看看你，一言不发。他们一眼就能看出自己所处的状况。凭借经验，他们意识到自己面临的最大问题是缺少氧气，如果应对得当，井下的空气还能维持 3 个多小时，最多 3 个半小时。

外面的人一定已经知道他们被困了，但发生这么严重的坍塌就意味着必须重新打眼钻井才能找到他们。在空气用完之前他们能获救吗？这些有经验的矿工决定尽一切努力节省氧气。他们说好了要尽量减少体力消耗，关掉随身携带的照明灯，全部平躺在地上。

在大家都默不作声、四周一片漆黑的情况下，很难估算时间，而且他们当中只有一人有手表。

所有的人都向这个人提问题：过了多长时间了？还有多长时间？现在几点了？

时间被拉长了，在他们看来，2分钟的时间就像1个小时一样，每听到一次回答，他们就感到更加绝望。

他们当中的负责人发现，如果再这样焦虑下去，他们的呼吸会更加急促，这样会要了他们的命。所以他要求由戴表的人来掌握时间，每半小时通报一次，其他人一律不许再提问。

大家遵守了命令。当第一个半小时过去的时候，这人就说："过了半小时了。"大家都喃喃低语着，空气中弥漫着一股愁云惨雾。

戴表的人发现，随着时间慢慢过去，通知大家最后期限的临近也越来越艰难。于是他擅自决定不让大家死得那么痛苦，他在告诉大家第二个半小时到来的时候，其实已经过了45分钟。

谁也没有注意到有什么问题，因为大家都相信他。在第一次说谎成功之后，第三次通报时间就延长到了1个小时以后。他说："又是半个小时过去了。"另外5人各自都在心里计算着自己还有多少时间。

表针继续走着，每过一小时，大家都收到一次时间通报。外面的人加快了营救工作，他们知道被困矿工所处的位置，但是，很难在4个小时之内救出他们。

4个半小时到了，救援人员终于挖通了，最可能发生的情况是找到6名矿工的遗体。但他们发现其中5人还活着，只有一个人窒息而死，他就是那个戴表的人。如果我们相信自己会更进一步，那么，成功的机会就会大一些。当希望站出来时，没有什么能与它抗衡。希望的力量可以让生命绝处逢生。

沙漠里也能找到星星

人生的追求、情感的冲撞、进取的热情，可以隐匿却不可以贫乏，可以浑然却不可以清淡。

真的，世界上没有任何力量能像信念那样影响我们的生活。人生到底是喜剧收场还是悲剧落幕，是成功辉煌还是黯然神伤，全在于你保持着什么样的信念。一个没有信念的人，就好比少了马达的渡轮，注定要在汪洋中沉没。信念是决定我们潜能发挥程度的关键，有信念在人生之路上为你牵引，无论你身处多么折磨人的环境，你都能克服，最终走出不利局面，迈向成功的道路。

塞尔玛陪伴丈夫驻扎在一个沙漠的陆军基地里。她丈夫奉命到沙漠里去演习，她一人留在基地的小铁皮房子里。天气很热，她没有人可聊天，周围只有墨西哥人和印第安人，而他们不会说英语。她太难过了，于是写信给父母，想要回家去。父亲的回信只有两行：

两个人从牢中的铁窗望出去：

一个看到满地泥泞，一个却看到满天星星。

读完信后，她决定要在沙漠中找到星星。

塞尔玛开始和当地人交朋友，他们的反应使她惊讶不已。她对他们的纺织品、陶器表示兴趣，他们就把最喜欢的、舍不得卖给观光客人的纺织品和陶器送给了她。塞尔玛研究那些让人着迷的沙漠植物，又学习有关土拨鼠的常识。她观看沙漠日落，还寻找海螺壳——这些海螺壳是几万年前，这沙漠还是海洋时留下来的……原来难以忍受的环境变成了令她兴奋、流连忘返的奇景。

沙漠里的星星终于闪光了，名为《快乐的城堡》的书也终于出版了。

山不转，路转；路不转，人转。有句名言说："上苍关了这扇窗，必会为你开启另一道门。"消极者会说："我只有看见了才会相信。"而积极者会说："只要我相信，我就会看见。"积极者采取行动，消极者静止不动。同样的半杯水，消极者说它只有一半，积极者说它已经满了一半。因为，积极者往杯里倒水，消极者从杯里取水。

如果你拥有坚定的信念，即使面对荒漠的孤独、寂寞的折磨，你也可以转化不利的环境为有利的环境，就像故事中的主人公一样，写出《快乐的城堡》。

相信自己思想的力量

生命中的一些转折点，往往就发生在当我们相信了自己思想的力量之后。

这是一个发生在美国内战期间最奇特的故事。

那个时候的艾迪太太认为生命中只有疾病、愁苦和不幸。她的第一任丈夫，在他们婚后不久就去世了。她的第二任丈夫又抛弃了她，和一个已婚妇人私奔，后来死在一个贫民收容所里。她只有一个儿子，却由于贫病交加，不得不在孩子4岁那年就把他送走了。她不知道儿子的下落，整整31年都没有再见到他。

她生命中戏剧化的转折点，发生在马萨诸塞州的林恩市。一个很冷的日子，她在城里走着的时候，突然滑倒了，摔倒在结冰的路面上，而且昏了过去。她的脊椎受到了伤害，她的身体不停地痉挛，甚至医生也认为她活不久了。医生还说即使是奇迹出现而使她能活下来的话，她也绝对无法再行走了。

“这种经验，”艾迪太太说，“就像引发牛顿灵感的那个苹果一样，使我发现自己怎样地好了起来以及怎样地也能使别人做到这一点。我可以很有信心地说：一切的原因就在你的思想，而一切的影响力都是心理现象。”

这不是神话，也不是偶然。我们活得愈久，就愈深信思想的力量。生命中总有一些转折点，抓住这样一个转折点，我们的人生就会有突破和进展。

给自己一个信仰，你的生活就会多一分希望。

相信自己总有一天会成功

无论如何，都要相信你自己，人不可能永远困顿，只要努力奋斗，你总会有成功的那一天。

人生总会有高低起伏，不会有永远处于低谷的人生，也不会有永远兴盛的家世，处于困顿中的人一样要抱持这样一种信念，要相信自己总有一天会成功。

张海迪1955年出生于山东省文登县，小的时候，她很聪明、活泼。可5岁那年，她突然得了一种奇怪的病，胸部以下完全失去了知觉，生活不能自理了。为了治好病，她不知道做了多少次手术，但最终也没治好她的病。医生们都认为，像张海迪这么小的高位截瘫患者，一般很难活到成年。

面对死神的威胁，小海迪意识到自己的生命很难长久，可是她并没有向命运屈服，她不想成为一名只能依赖家人的废人，她相信，只要自己坚持不懈地努力，自己总有一天会获得成功。为了不虚度光阴，她把每一分每一秒都用在刻苦自学上。

在日记中，她把自己比作天空中的一颗流星。她这样写道："不能碌碌无为地活着，活着就要学习，就要多为群众做些事情。既然我像一颗流星，我就要把光留给人间，把一切奉献给人民。"

1970 年，张海迪跟随父母到乡下插队落户。她看到当地群众缺医少药，便萌生了学习医术的想法。她用平时省下来的零用钱买来了医学书籍，努力研读。为了能够识别内脏，她拿一些小动物来做解剖；为了了解人的针灸穴位，她就用自己的身体做实验，她用红笔、蓝笔在身上画满了各种各样的点，在自己的身上练习扎针。她以常人难以想象的坚强的毅力，克服了无数次的困难，终于能够治疗一些常见病和多发病了。

十几年里，张海迪医好了一万多名群众。搬到县城后，由于身体残疾，她没有工作可做。但她并不想让自己成为一个闲人。她从高玉宝写书的经历中得到启示，决定自己也走文学创作的路，用笔去描绘美好的生活。

经过多年的勤奋写作，张海迪已经成为山东省文联的专业创作人员，她的作品《轮椅上的梦》一经出版问世，就立刻引起了十分强烈的反响。张海迪有着坚定的人生信念：只要自己认准了的目标，无论前面有多少艰难险阻，都要努力地跨越过去。

一次，一位老同志拿一瓶进口药，请她帮助给翻译一下文字说明，可张海迪并不懂英文，看着这位老同志满脸失望地离去，她心里很是不安。从那天开始，她决心学习英文。在学习英文期间，她的墙上、桌上、灯罩上、镜子上乃至手上、胳膊上都写有英语单词，她还给自己定下了任务，每天晚上必须记住 10 个单词，否则就不睡觉。家里无论来了什么样的客人，只要会一点英语的，都成了她学习英语的老师。

几年以后，她不仅可以熟练阅读英文版的报刊和文学作品，而且翻译了英国长篇小说《海边诊所》。当她将这部译稿交给某出版社的总编时，那位年过半百的老同志感动得流下了热泪。是的，每个人都会遇到这样那样的不顺。这时，你必须保持清醒，坚定地相信自己总有一天会成功。秉持这样的信念，上天就不会辜负你。人生不会一帆风顺的，即使现在你失业了，也不要自暴自弃，心中永远保存着成功的信念，终有一天你会获得成功。

第六章
在逆境中不妨微笑

人生没有承受不了的事

人的潜力是惊人的，很多时候，你认为你承受不了的事，往往却能够不费气力地承受下来，人生没有承受不了的事，相信你自己。

你还在为即将到来或正发生在自己身上的不幸而担忧吗？其实，这些困难并不像你想象的那样可怕。只要你勇敢面对，你就能够承受得了。等你适应了那样的不幸以后，你就可以从不幸中找到幸运的种子了。

帕克在一家汽车公司上班。很不幸，一次机器故障导致他的右眼被击伤，抢救后还是没有能保住，医生摘除了他的右眼球。帕克原本是一个十分乐观的人，但现在却成了一个沉默寡言的人。他害怕上街，因为总是有那么多人看他的眼睛。

他的休假一次次被延长，妻子艾丽丝负担起了家庭的所有开支，而且她在晚上又兼了一个职。她很在乎这个家，她爱着自己的丈夫，想让全家过得和以前一样。艾丽丝认为丈夫心中的阴影总会消除的，那只是时间问题。

但糟糕的是，帕克的另一只眼睛的视力也受到了影响。在一个阳光灿烂的早晨，帕克问妻子谁在院子里踢球时，艾丽丝惊讶地看着丈夫和正在踢球的儿子。在以前，儿子即使到更远的地方，他也能看到。艾丽丝什么也没有说，只是走近丈夫，轻轻地抱住他的头。

帕克说："亲爱的，我知道以后会发生什么，我已经意识到了。"

艾丽丝的泪就流下来了。

其实，艾丽丝早就知道这种后果，只是她怕丈夫受不了打击而要求医生不要告诉他。

帕克知道自己要失明后，反而镇静多了，连艾丽丝自己也感到奇怪。

艾丽丝知道帕克能见到光明的日子已经不多了，她想为丈夫留下点什么。她每天把自己和儿子打扮得漂漂亮亮，还经常去美容院。在帕克面前，不论她心里多么悲伤，她总是努力微笑。

几个月后，帕克说："艾丽丝，我发现你新买的套裙那么旧了！"

艾丽丝说："是吗？"

她奔到一个他看不到的角落，低声哭了。她那件套裙的颜色在太阳底下绚丽夺目。她想，还能为丈夫留下什么呢？

第二天，家里来了一个油漆匠，艾丽丝想把家具和墙壁粉刷一遍，让帕克的心中永远有一个新家。

油漆匠工作很认真，一边干活还一边吹着口哨。干了一个星期，终于把所有的家具和墙壁刷好了，他也知道了帕克的情况。

油漆匠对帕克说："对不起，我干得很慢。"

帕克说："你天天那么开心，我也为此感到高兴。"

算工钱的时候，油漆匠少算了 100 元。

艾丽丝和帕克说："你少算了工钱。"

油漆匠说："我已经多拿了，一个等待失明的人还那么平静，你告诉了我什么叫勇气。”

但帕克却坚持要多给油漆匠100元，帕克说：“我也知道了原来残疾人也可以自食其力，并生活得很快乐。”

油漆匠只有一只手。

哀莫大于心死，只要自己还持有一颗乐观、充满希望的心，身体的残缺又有什么影响呢？要学会享受生活，只要还拥有生活的勇气，那么你的人生仍然是五彩缤纷的。

人的潜力是无穷的，世界上没有任何事情能够将人的心完全压制。只要相信自己，人生就没有承受不了的事。至于受老板的责骂、受客户的折磨这种小事，你还会在乎吗？

黑暗，只是光明的前兆

不要诅咒目前的黑暗，你所要做的就是做好准备，去迎接光明，因为黑暗只是光明的前兆。

莎士比亚在他的名著《哈姆雷特》中有这样一句经典台词：“光明和黑暗只在一线间。”一个人身处黑暗之中，你的心灵千万不要因黑暗而熄灭，而是要充满希望，因为黑暗只是光明来临的前兆而已。

清代有一个年轻书生，自幼勤奋好学，无奈贫困的小村里没有一个好老师。书生的父母决定变卖家产，让孩子外出求学。

一天，天色已晚，书生饥肠辘辘准备翻过山头找户人家借住一宿。走着走着，树林里忽然蹿出一个拦路抢劫的土匪。书生立即拼命往前逃跑，无奈体力不支再加上土匪的穷追不舍，眼看着书生就要被追上了，正在走投无路时，书生一急钻进了一个山洞里。土匪见状，不肯罢休，他也追进山洞里。洞里一片漆黑，在洞的深处，书生终究未能逃过土匪的追逐，他被土匪逮住了。一顿毒打自然不能免掉，身上的所有钱财及衣物，甚至包括一把准备为夜间照明用的火把，都被土匪一掳而去了。土匪给他留下的只有一条薄命。

完事之后，书生和土匪两个人各自分头寻找着洞的出口，这山洞极深极黑，且洞中有洞，纵横交错。

土匪将抢来的火把点燃，他能轻而易举地看清脚下的石块，能看清周围的石壁，因而他不会碰壁，不会被石块绊倒，但是，他走来走去，就是走不出这个洞，最终，恶人有恶报，他迷失在山洞之中，力竭而死。

书生失去了火把，没有了照明，他在黑暗中摸索行走得十分艰辛，他不时碰壁，不时被石块绊倒，跌得鼻青脸肿，但是，正因为他置身于一片黑暗之中，所以他的眼睛能够敏锐地感受到洞里透进来的一点点微光，他迎着这缕微光摸索爬行，最终逃离了山洞。

如果没有黑暗，怎么可能发现光明呢？黑暗并不可怕，它只是光明到来之前的预兆。在黑暗中摸索前行，充满光明的渴望，才是最良好的心态。如果你害怕黑暗，因黑暗而绝望，你将被无边的黑暗所淹没。相反，若你一直在心中点一盏长明灯，光明很快就会降临。

厄运不会长久

厄运的最大弱点就是它不会长久，因此，当你正遭受厄运的打击时，一定要相信，幸福很快就会来临。

一位名人说过："没有永久的幸福，也没有永久的不幸。"厄运虽然令人忧愁、令人不快，甚至打击一个人几年、十几年，但厄运也有它的"致命弱点"，那就是它不会持久存在。

那些在生活中遭受接二连三打击的人，不要总是哀叹自己"命运不济"，你一定要相信：厄运不久就会远走，转运的一天迟早会到来。

宾夕法尼亚州匹兹堡有一个女人，她已经35岁了，过着平静、舒适的中产阶层的家庭生活。但是，她突然连遭四重厄运的打击：丈夫在一次事故中丧生，留下她和两个小孩；没过多久，一个女儿被烤面包的油脂烫伤了脸，医生告诉她孩子脸上的伤疤终生难消，女人为此伤透了心；她在一家小商店找了份工作，可没过多久，这家商店就关门倒闭了；丈夫给她留下一份小额保险，但是她耽误了最后一次保费的续交期，因此保险公司拒绝支付保费。

碰到一连串不幸事件后，女人近于绝望。她左思右想，为了自救，她决定再做一次努力，尽力拿到保险补偿。在此之前，她一直与保险公司的下级员工打交道。当她想面见经理时，一位多管闲事的接待员告诉她经理出去了。她站在办公室门口无所适从，就在这时，接待员离开了办公桌。机遇来了。她毫不犹豫地走进里面的办公室，结果，看见经理独自一人在那里。经理很有礼貌地问候了她，她受到了鼓励，沉着镇静地讲述了索赔时碰到的难题。经理派人取来她的档案，经过再三思索，决定以德为先，给予赔偿，虽然从法律上讲公司没有承担赔偿的义务，工作人员按照经理的决定为她办了赔偿手续。

但是，由此引发的好运并没有到此中止。经理尚未结婚，对这位年轻寡妇一见倾心。他给她打了电话，几星期后，他为寡妇推荐了一位医生，医生为她的女儿整容，女儿脸上的伤疤被清除干净；经理通过在一家大百货公司工作的朋友给寡妇安排了一份工作，这份工作比以前那份工作好多了；不久，经理向她求婚。几个月后，他们结为夫妻，而且婚姻生活相当美满。

这个故事很好地阐释了“厄运”的寿命，厄运不会长久，幸福随时都会来临。

易卜生说：“不因幸运而故步自封，不因厄运而一蹶不振。真正的强者，善于从顺境中找到阴影，从逆境中找到光亮，时时校准自己前进的目标。”

任何时候，都不要因厄运而气馁，厄运不会时时伴随你，阴云之后的阳光很快就会来临。

为自己点一盏心灯

无论何时，都要在自己心中点一盏灯，只要心灯不灭，就有成功的希望。

真正的智者，总是站在有光的地方。太阳很亮的时候，生命就在阳光下奔跑。当太阳熄灭，还会有那一轮高挂的明月。当月亮熄灭了，还有满天闪烁的星星，如果星星也熄灭了，那就为自己点一盏心灯吧。无论何时，只要心灯不灭，就有成功的希望。

紫霄未满月就被白发苍苍的奶奶抱回家。奶奶含辛茹苦把她养到小学毕业，狠心的父母才从外地返家。父母重男轻女，对女儿非常刻薄。她生病时，父母会变本加厉地迫害她，母亲对她说：“我看你就来气，你给我滚，又有河、又有老鼠药、又有绳子，有志气你就去死。”还残忍地塞给她一瓶“安定”。13岁的小姑娘没有哭，在她幼小的心灵里，萌生了强烈的愿望——她一定要活下去，并且要活出一个人样来！

被母亲赶出家门，好心的奶奶用两条万字糕和一把眼泪，把她送到一片净土——尼姑庵。紫霄满怀感激地送别奶奶后，心里波翻浪涌，难道自己的生命就只能耗在这没有生气的尼姑庵吗？在尼姑庵，法名“静月”的紫霄得了胃病，但她从不叫痛，甚至在她不愿去化缘而被老尼姑惩罚时，她也不哭不闹。但是叛逆的个性正在潜滋暗长。在一个下着小雨的清晨，她揣上奶奶用鸡蛋换来的干粮和卖棺材得来的路费，踏上了西去的列车。几天后，她到了新疆，见到了久违的表哥和姑妈。在新疆，她重返课堂，度过了半年的幸福时光。在姑妈的建议下，她回安徽老家办户口迁移手续。回到老家，她发现再也回不了新疆了，父母要她顶替父亲去厂里上班。

她拿起了电焊枪，那年她才15岁。她没有向命运低头，因为她的心中还有梦。紫霄业余苦读，通过了写作、现代汉语和文学概论等学科的自学考试。第二年参加高考，她考取了安徽省中医学院。然而她知道因为家庭的原因自己无法实现自己的梦想，大学经常成为她夜梦的主题。

不久，紫霄的第一篇习作被《巢湖报》采用，她看到了生命的一线曙光，她要用缪斯的笔来拯救自己。多少个不眠之夜，她用稚拙的笔饱蘸浓情，抒写自己的苦难与不幸，倾诉自己的顽强与奋争。多篇作品寄了出去，耕耘换来了收获，那些凝聚心血的稿件多数被采用，还获得了各种奖项。后来，她抱着自己的作品叩开了安徽省作协的门，成了其中的一员。

文学是神圣的，写作是清贫的。紫霄毅然放弃了从父亲手里接过的“铁饭碗”，开始了艰难的求学生涯。因为她知道，仅凭自己现在的底子，远远不能成大器。她到了北京，在鲁迅文学院进修。为生计所迫，生性腼腆的她当起了报童。骄阳似火，地面晒得冒烟，紫霄姑娘挥汗如雨，怯生生地叫卖。天有不测风云，在一次过马路时，飞驰而过的自行车把她撞倒了。看着肿得像馒头大小的脚踝，紫霄的第一个反应是这报卖不成了。她没有丧失信心，用几天卖报赚来的微薄收入补足了欠交的学费，只休息了几天，她就又一次开始了半工半读的生活。命运之神垂怜她，让她结识了莫言、肖亦农、刘震云、宏甲等作家，有幸亲聆教诲，她感到莫大的满足。

为了节省开支，紫霄住在某空军招待所的一间堆放杂物的仓库里。晚上，这里就成了她的“工作室”，她的灯常常亮到黎明。礼拜天，她包揽了招待所上百床被褥的浆洗活，有一次她累昏在水池旁，幸遇两位女战士把她背回去，灌了两碗姜汤，她苏醒之后不久，便接着去洗。她的脸上和手上有了和她年龄不相称的粗糙和裂口。

紫霄后来的经历就要“顺利”得多。随文怀沙先生攻读古文、从军、写作、采访、成名，这一切似乎顺理成章，然而这一切又不平凡。她是一个坚强的女子，是一个不向困难俯首称臣的不屈的奇女子。她把困难视作生命的必修课，而她得了满分。

“一个人最大的危险是迷失自己，特别是在苦难接踵而至的时候……命运的天空被涂上一层阴霾的乌云，她始终高昂那颗不愿低下的头。因为她胸中有灯，它点燃了所有的黑暗。”一篇采访紫霄的专访在题词中写了这样的话，在主人公心中，那盏灯就是自己永远也未曾放弃过的希望。

一个人无论有多么不幸，有多么艰难，那盏灯一定会为你指引前进的方向。

给自己树一面旗帜

无论现状有多么困难，都要给自己树一面旗帜，至少你有了一个前进的方向。

人生到底是喜剧收场还是悲剧落幕，是轰轰烈烈的还是无声无息的，就全在于这个人到底持有什么样的信念。信念就像指南针和地图，指出我们要去的目标。没有信念的人，就像少了马达、缺了舵的汽艇，不能动弹一步。所以在人生中，必须得有信念的引导，它会帮助你看到目标，鼓舞你去追求，创造你想要的人生。

很多时候，人们的理想和目标就如同一面在风中高高飘扬的旗帜，它指引着人们前进的方向。

罗杰·罗尔斯是美国纽约州历史上第一位黑人州长，他出生在纽约声名狼藉的大沙头贫民窟。这里环境肮脏，充满暴力，是偷渡者和流浪汉的聚集地。在这儿出生的孩子，耳濡目染，他们之中很多人从小就逃学、打架、偷窃，甚至吸毒，长大后很少有人从事体面的职业。然而，罗杰·罗尔斯是个例外，他不仅考入了大学，而且成了州长。在就职记者招待会上，一位记者对他提问:“是什么把你推向州长宝座的？”面对300多名记者，罗尔斯对自己的奋斗史只字未提，只谈到了他上小学时的校长——皮尔·保罗。

1961年，皮尔·保罗被聘为诺必塔小学的董事兼校长。当时正值美国嬉皮士文化流行的时代，他走进大沙头诺必塔小学的时候，发现这儿的穷孩子比“迷惘的一代”还要无所事事。他们不与老师合作，旷课、斗殴甚至砸烂教室的黑板。皮尔·保罗想了很多办法来引导他们，可是没有一个是有效的。后来，他发现这些孩子都很迷信，于是在他上课的时候就多了一项内容——给学生看手相。他用这个办法来鼓励学生。

当罗尔斯从窗台上跳下，伸着小手走向讲台时，皮尔·保罗说："我一看你修长的小拇指就知道，你将来是纽约州的州长。"当时，罗尔斯大吃一惊，因为长这么大，只有他奶奶让他振奋过一次，说他可以成为5吨重的小船的船长。这一次，皮尔·保罗先生竟说他可以成为纽约州的州长，着实出乎他的预料。他记下了这句话，并且相信了它。

从那天起，"纽约州州长"就像一面旗帜指引着罗尔斯，他的衣服不再沾满泥土，说话时也不再夹杂污言秽语。他开始挺直腰杆走路，在以后的40多年间，他没有一天不按州长的身份要求自己。51岁那年，他终于成了州长。

信念的力量就这样神奇，如果我们也能像罗尔斯那样，为自己树一面旗帜，成功也不会离自己太远。

她从北京一〇一中学来到云南边疆一个叫"蚂蟥堡"的地方。

她们住的房子是队里盖的马棚，只有顶，没有墙。人们用竹篱笆将马棚围了起来，放了几张床，两两相依。初到时，看书写字，就搬个小板凳放在床前。

有一天，一位室友收到了家中的来信。她看完后告诉她们，美国人登上月球了。据说全世界都进行了实况转播，但她们没有收音机(在那个年代，收音机算是奢侈品)，几个月后才知道这个消息。她们该做什么呢？能做什么呢？空担着一个"知识青年"的虚名，多数人只懂得一元一次方程式，更不要说极左路线把很多原来能做的事也弄得做不成了。种种希望和理想，似乎像射进篱笆墙的阳光碎成了星星点点，聚不起来了。

她在苦闷中度过了几个月后，不再困惑，她找到了她的信念，她把自己充实起来。她很少浪费时间，除了劳动就是钻研，时间安排得很紧。当然，不是为了上月球，也不是为了想进大学，而只是希望让科学在生活中起些作用。她不过是个苗圃工，却读完了农大的好几门课。她苦读医书，在自己身上练会了针灸，治好过好几个病人。她动手建小气象站，自己动手做百叶箱，立风向杆，养蚂蟥，半夜起来记录温度……为了学习专业知识，她同时也学习基础知识，从一元一次方程到微积分，从A、B、C学习到阅读英文书籍，从“老初一”提高到了大学水平。

1973年，一批科技期刊恢复出版，她到邮局订了所有能订的期刊，用掉了一个月的收入。她的衣服却是补了又补，鞋子也缝了又缝。她这种对科学的执著和钻研的顽强意志，在过去和现在都是她有力的人生支持之一。专注于科学，专注于诚实的、有益的工作，使她有了更多的勇气战胜懈怠、软弱和虚荣心。后来她成了上海交大的研究生。

在人生旅途中，通往理想的道路上总会遇到大大小小的困难和挫折，埋怨、消沉、哀叹命运，这些都无济于事。面对挫折，要有宽阔的胸襟，要有无畏的勇气。要记住，挫折是通向理想的阶梯。只要你有走出的愿望，没有永远走不出的人生低谷。如果你还在为不幸的遭遇自怨自艾的话，那你的人生将不会有任何前途。

信念的力量是无穷的，很多人不能获得成功，往往是因为他们没有信念，或者，他们的信念并不扎实。苏联的哥罗连科说过：“信念是储备品，行路人在破晓时带着它登程，但愿他在日暮以前足够使用。”但信念并不是到处去寻找顾客的产品营销员，它永远也不会主动地去敲你的大门。因此，一个想成功的人必须主动地为自己树一面信念的旗帜，让它在远方随风飘扬，引导着你一步步走向成功。

失意不可失志

每个人都会有失意事，包括事业上的失意、情感上的失意、家庭上的失意。

失意事本就是一种痛苦，搁在心里不找人倾诉更是痛苦。据说，把失意事摆在心里还会造成心理的疾病，所以找人倾诉也是好的。可是根据前人的经验，失意事还是不要轻易吐露比较好。

吐露失意事，不管是主动吐露还是被动吐露，都有很多副作用。

（1）无意中塑造了自己无能、软弱的形象。虽然每个人都会有失意事，但如果你在吐露失意事时，别人正在得意，那么别人会直觉地认为你是个无能或能力不足的人，要不然为什么“失意”？嘴巴虽然不说出来，但心里多少会这样想。而且失意事一讲，有时会因情绪失控而一发不可收拾，造成别人的尴尬，这才是最糟糕的一件事。如果你的失意情绪引来别人的安慰，温暖固然温暖矣，但你却因此而变成一个“无助的孩子”，别人的评语是：“唉，真可怜！”

（2）别人对你的印象分数会打折扣。很多人凭印象来给别人打分数，一般来说，自信、坚定的人，他所获得的印象分数会比较高，如果他还是个事业有成的人，那么更会获得“尊敬”，这是人性，没什么道理好说。如果你的失意让别人知道了，他们会下意识地在分数表上给你扣分，本来你是 80 分，这样一下子就不及格了，而他们对你的态度也会很自然地转变，由尊敬、热情而变得不屑、冷淡。

（3）形成失败者的形象。你的失意事如果说得次数太多，或是经听者的传播，让你的朋友都知道了，那么别人会为你贴上一个标签:“失败者！”当别人谈到你时，便会想到这些事。在现实的社会里，失败者只能创造机会，别人是吝于给你机会的。尤其传言很可怕，明明小失意也会被传成大失败，这都会对你的未来人生造成或大或小的阻碍，谁管你是怎么失意的，而失意的实情又是如何呢？

并不是说“失意事”要闷在心里，但要谈你的失意事必须看时机、对象。吐露失意事需要注意两点。

（1）只能对好朋友说。好朋友了解你，你的坚强、软弱，优点、缺点他都知道，跟这种朋友说才能“确保安全”。至于初见面的人、普通朋友，一句也不可说。

（2）只能在得意时说。失意时谈失意事，别人会认为你是弱者；得意时谈失意事，别人会认为你是勇者，并由衷地从心里涌出对你的“敬意”。而你由失意而得意的历程，他们甚至还会当成励志的教材，这又比一辈子平顺、得意的人“神气”。

第七章
突破你心中的瓶颈

突破你心中的瓶颈

当我们身处阴影之中，破茧而出并不困难。只要自己不倒，什么力量也不能把你击倒；最重要的是在内心深处把阳光锁定，时刻保持一颗健康明亮之心，让内心充满阳光。

有人做过这样一个实验：用纸做一条长龙，长龙腹腔的空隙仅仅只能容纳几只蝗虫，投放进去，它们在里面都死了，无一幸免！而把几只同样大小的青虫从龙头放进去，然后关上龙头，观察者就会看到：仅仅几分钟，小青虫们就一一地从龙尾爬了出来。

原因很简单，蝗虫性子太急躁，除了挣扎，它们没想过用嘴巴去咬破长龙，也不知道一直向前可以从另一端爬出来。因而，尽管它有铁钳般的嘴壳和锯齿般的大腿，也无济于事。

命运往往也是如此。许多人走不出人生各个不同阶段或大或小的阴影，并非因为他们天生的个人条件比别人要差多少，而是因为他们没有想到要将阴影的纸龙咬破，也没有耐心慢慢地找准一个方向，一步步地向前，直到眼前出现新的洞天。

人生随时会遇到各种各样的纸龙，你只有突破心中的瓶颈，驱除内心的阴影，才能走出人生的纸龙。

一对靠捡破烂为生的夫妻，每天一早出门，拖着一部破车到处捡拾破铜烂铁，等到太阳下山时才回家。他们回到家的时候，就在门口的院子里摆上一盆水，搬一张凳子把双脚浸在盆中，然后拉弦唱歌，唱到明月正当空、浑身凉爽的时候他们才进房睡觉，日子过得逍遥自在。

他们对面住了一位很有钱的富翁，他每天都坐在桌前打算盘，算算哪家的租金还没收，哪家还欠账，每天总是很烦。他看对面的夫妻每天快快乐乐地出门，晚上轻轻松松地唱歌，非常羡慕也非常奇怪，于是问他的伙计说："为什么我这么有钱却不快乐，而对面那对穷夫妻却会如此的快乐呢？"

伙计听了就问富翁说："老爷，你想要他们忧愁吗？"

富翁回答道："我看他们不会忧愁的。"

伙计说："只要你给我一贯钱，我把钱送到他们家，保证他们明天不会拉弦唱歌。"

富翁说："给他钱他一定会更快乐，怎么说不会再唱歌了呢？"

伙计说："你尽管给他钱就是了。"

富翁把钱交给伙计，当伙计把钱送到穷人家时，这对夫妻拿到钱真的很烦恼，那天晚上竟然睡不着了。想要把钱放在家中，门又没法关严；要藏在墙壁里面，墙用手一扒就会开；要把它放在枕头下又怕丢掉；要……他们一整晚都为这贯钱操心，一会儿躺上床，一会儿又爬起来，整夜就这样反复折腾，无法成眠。

妻子看着丈夫坐立不安，也被惹烦了，就说："现在你已经有钱了，你又在烦恼什么呢？"

丈夫说："有了这些钱，我们该怎样处理呢？把钱放在家中又怕丢了，现在我满脑子都是烦恼。"

隔天一早他把钱带出门，在整条街上绕来绕去，不知道要做什么好，绕到太阳下山，月亮上来了，他又把钱带回家，垂头丧气地不知如何是好。想做小生意不甘愿，要做大生意钱又不够，他向妻子说："这些钱说少，却也不少；说多，又做不了大生意，真是伤脑筋啊！"

那天晚上富翁站在对面，果然听不到拉弦和唱歌了，因此就到他家去问他们怎么了。这对夫妻说："员外啊！我看我们把钱还给你好了。我们宁可每天一大早出去捡破烂，也比有了这些钱轻松啊！"这时候富翁突然恍然大悟，原来，有钱不知布施，也是一种负担。

人要想获得快乐和成功，就必须突破自己心中的瓶颈，跳出那种束缚的圈套，才能真正享受自由和快乐的感觉。

恐惧会使你沦为生活的奴隶

任何时候都不要心存恐惧，因为恐惧会遮住你的视线，阻挡你的行程。

恐惧对人的影响至关重要，恐惧使创新精神陷于麻木；恐惧毁灭自信，导致优柔寡断；恐惧使我们动摇，不敢做任何事情；恐惧还使我们怀疑和犹豫，恐惧是能力上的一个大漏洞。而事实上，有许多人把他们一半以上的宝贵精力浪费在毫无益处的恐惧和焦虑上面了。

恐惧虽然阻碍着人们力量的发挥和生活质量的提高，但它并非不可战胜。只要人们能够积极地行动起来，在行动中有意识地纠正自己的恐惧心理，那它就不会再成为我们的威胁。

在《做最好的自己》一书中，李开复讲述了这样一个故事：

20世纪70年代，中国科技大学的"少年班"全国闻名。在当年那些出类拔萃的“神童”里面，就有今天的微软全球副总裁、IEEE 最年轻的院士张亚勤。但在当时，全国大多数人只知道有一个叫宁铂的孩子。20 年过去了，宁铂悄悄地从公众的视野里消失了，而当年并不知名的张亚勤却享誉海内外，这是为什么呢?

张亚勤和宁铂的区别，主要在于他们对待挑战的态度不同。张亚勤在挑战面前勇于进取，不怕失败；而宁铂则因为自己身上寄托了人们太多的期望，反而觉得无法承受，甚至没有勇气去争取自己渴望的东西。

大学毕业后，宁铂在内心里强烈地希望报考研究生，但是他一而再、再而三地放弃了自己的希望。第一次是在报名之后，第二次是在体检之后，第三次则是在走进考场前的那一刻。

张亚勤后来谈到自己的同学时，异常惋惜地说：

“我相信宁铂就是在考研究生这件事情上走错了一步。他如果向前迈一步，走进考场，是一定能够通过考试的，因为他的智商很高，成绩也很优秀，可惜他没有进考场。这不是一个聪明不聪明的问题，而是一念之差的事情。就像我那一年高考，当时我正生病住在医院里，完全可以不去参加高考，可是我就少了一些顾虑，多了一点自信和勇气，所以做了一个很简单的选择。而宁铂就是多了一些顾虑，少了一点自信和勇气，做了一个错误的判断，结果智慧不能发挥，真是很可惜。那些敢于去尝试的人一定是聪明人，他们不会输。因为他们会想，‘即使不成功，我也能从中得到教训。’

“你看看周围形形色色的人，就会发现：有些人比你更杰出，那不是因为他们得天独厚，事实上你和他们一样优秀。如果你今天的处境与他们不一样，只是因为你的精神状态和他们不一样。在同样一件事情面前，你的想法和反应和他们不一样。他们比你更加自信、更有勇气。仅仅是这一点，就决定了事情的成败以及完全不同的成长之路。”

勇敢的思想和坚定的信念是治疗恐惧的天然药物，勇敢和信心能够中和恐惧，如同在酸溶液里加一点碱，就可以破坏酸的腐蚀力一样。

对此问题，我们不妨多加了解一下。

有一个文艺作家对创作抱着极大野心，期望自己成为大文豪。美梦未成真前，他说：“因为心存恐惧，我是眼看一天过去了，一星期、一年也过去了，仍然不敢轻易下笔。”

另有一位作家说：“我很注意如何使我的心力有技巧、有效率地发挥。在没有一点灵感时，也要坐在书桌前奋笔疾书，像机器一样不停地动笔。不管写出的句子如何杂乱无章，只要手在动就好了，因为手到能带动心到，会慢慢地将文思引出来。”

初学游泳的人，站在高高的水池边要往下跳时，都会心生恐惧，如果壮着胆子，勇敢地跳下去，恐惧感就会慢慢消失，反复练习后，恐惧心理就不复存在了。

倘若很神经质地怀着完美主义的想法，进步的速度就会受到限制。如果一个人恐惧时总是这样想：“等到没有恐惧心理时再来跳水吧，我得先把害怕退缩的心态赶走才可以。”这样做的结果往往是把精神全浪费在消除恐惧感上了。

这样做的人一定会失败，为什么呢？人类心生恐惧是自然现象，只有亲身行动，才能将恐惧之心消除。不实际体验，只是坐待恐惧之心离你远去，自然是徒劳无功的事。

在不安、恐惧的心态下仍勇于作为，是克服神经紧张的处方，它能使人在行动之中，渐渐忘却恐惧心理。只要不畏缩，有了初步行动，就能带动第二次、第三次的出发，如此一来，心理与行动都会渐渐走上正确的轨道。

恐惧并不可怕，可怕的是你陷入恐惧之中不能自拔。如果你有成功的愿望，那就快点摆脱恐惧的困扰，前进吧！

不要被贫困压倒

人在贫困的处境当中，只要能抱着坚定的信念，努力上进，就能跨越贫困，走向成功。其关键还需要身处贫困环境的你，不要被贫困压倒才行。

有些人生下来就身处贫困之家，有些人生在富贵豪门，这是先天的差距，贫困的孩子必须付出双倍的努力，才能获得成功。这是每一个被贫困困扰着的心灵所不得不面对的现实。

但是，我们必须坚信这样一句话："你可以贫困，但不能贫困一生。"人处在贫困的环境之中，更应该奋发上进，努力去追求成功，这样的成功也更弥足珍贵。

美国前总统亨利·威尔逊出生在一个贫苦的家庭，当他还在摇篮里牙牙学语的时候，贫穷就已经冲击着这个家庭了。威尔逊10岁的时候就离开了家，在外面当了11年的学徒工。这期间，他每年只能有一个月时间到学校去接受教育。

在经过11年的艰辛工作之后，他终于得到了一头牛和六只绵羊作为报酬。他把它们换成了84美元。他知道钱来得很难，所以绝不浪费，他从来没有在玩乐上花过一块钱，每个美分都要精打细算才花出去。

在他21岁之前，他已经设法读了1000本书——这对一个农场里的学徒来说，是多么艰巨的任务呀！在离开农场之后，他徒步到150公里之外的马萨诸塞州的内蒂克去学习皮匠手艺。他风尘仆仆地经过了波士顿，在那里他看了邦克希尔纪念碑和其他历史名胜。整个旅行他只花了1美元6美分。

他在度过了21岁生日后的第一个月，就带着一队人马进入了人迹罕至的大森林，在那里采伐原木。威尔逊每天都是在东方泛起鱼肚白之前起床，然后就一直辛勤地工作到星星出来为止。在一个月夜以继日的辛劳努力之后，他获得了6美元的报酬。

在这样的穷途困境中，威尔逊下定决心，不让任何一个发展自我、提升自我的机会溜走。很少有人像他一样深刻地理解闲暇时光的价值，他像抓住黄金一样紧紧地抓住了零星的时间，不让一分一秒无所作为地从指缝间白白流走。

12年之后，这个从小在穷困中长大的孩子在政界脱颖而出，进入了国会，开始了他的政治生涯。

出身贫困并不可怕，只要像威尔逊那样面对困境不抱怨、不低头，勤奋自强，就能获得成功。很多在贫困中长大的人往往自甘堕落，他们认为自己此生命该如此，再怎么奋斗也是徒劳，于是只能一生受穷，惶惶度日，更有一些人因心理极端不平衡而走上犯罪之路。

生命的贫富从某种意义上来说只能由你自己来决定，身处贫困若能不被贫困所累，奋发向上，积极奋斗，照样可以有一个富足的人生；相反，如果自甘堕落，即使生在富豪之家，也可能在中年以后坠入贫困之中。

能不能突破贫困的瓶颈，关键还要看你自己。

常识有时比理论更重要

人不能太迷信理论知识，理论也不是万能的，有的时候常识比理论更符合现实。

歌德说得好，理论是灰色的，只有生命和生活才是常青的！正确的理论在生活中非常重要，因为它能指导人们客观地认识一些未知的事物，但很多时候常识比理论重要得多。如果你不注重常识，便有可能钻进“理论”的怪圈而无法自拔。

某理论家对任何事情都能讲出一番大道理来。

一位七岁的小孩问他：“先生，你具有丰富的知识，我想请教你一个问题。”

“说吧。”理论家很爽快，似乎对一切事情了如指掌。

“我们人类为什么只用嘴巴而不用鼻子吃饭呢？”

“这……”理论家一时语塞，他没想到小孩会问这么个简单的问题。

吃饭的时候，理论家忽然想起小孩的问题，他停下手中的筷子，对着镜子照照鼻子又看看嘴巴。他始终弄不明白，人为什么只用嘴而不用鼻子吃饭的问题。

理论家饭也没吃，埋头开始研究起来，他决意找到解决这个问题的理论来，从而不让一个七岁小孩耻笑。

其实，就因为他不明白这是一个常识问题，所以他一辈子都要被七岁的小孩耻笑。

尽信书不如无书。人不能太迷信理论知识，理论也不是万能的，有的时候常识比理论更符合现实。

不要做一名精神贫穷的人

一个人物质上贫穷并不可怕，只要他愿意奋斗，终究会改变现状；如果一个人的精神贫穷，那就无药可救了。无论如何，都不要做一名心理贫穷的人。

当你的现状很糟糕，经济状况陷入麻烦的时候，你不必着急，只要你的精神是富有的，只要你努力奋斗，你很快就会改变现状；如果你的精神很贫穷，即使你现在物质上很富有，你也是一个可悲的人，你的生活也绝不会一帆风顺。

我们先来看看这样一个故事：

某大学一贫困女生，在校园网站贴出“活着真没意思”的帖子，引起轰动。帖子上说，因为家里贫困，为了赚一点生活费，她必须经常坐几个小时的车去做家教；因为没钱，她买不起新衣服；也是因为贫穷，她不能谈恋爱。所以，活着真没意思，特别是与那些家庭富裕的学生相比。看到这样的新闻，第一感觉就是这位女大学生不但物质上贫穷，而且精神上贫穷。固然，一个人生活贫困是由很多社会原因造成的，这些社会原因可能让贫困者不停抱怨，发泄对社会的不满。可是，对精神富裕者来说，对现实的不满，正是不断前进的动力。而发出“活着没意思”的感慨，是心理贫困者被困难所击倒的表现。

活着没意思，可能有两种含义。一种可能是，认为现实贫富差距巨大，一时难以改变，而贫者得到的往往是人们的鄙视和怜悯，所以，活着没意思。另一种可能是，因为贫穷，而很多欲望——特别是物质上的欲望难以满足，从而，活着真没意思。如果是前一种，说明她心理脆弱，不习惯别人的鄙视和怜悯的眼光。另外，对改变这种现状没有信心，或者对自己没有信心，或者对别人没有信心。如果是后一种，说明她已陷入物质享受的旋涡中，或者自己曾享受，因为贫穷而不能为继，或者羡慕别人的享受。不管是哪种，从她的内心来看，都是极度贫困的。她没有抵御外界诱惑的意志，没有认清外部现实的能力，没有抗拒外部压力的动力。

如果一个人精神上贫穷，说明生活已失去了意义和动力，要改变现状就很难了。一个人既物质贫穷，又精神贫穷，是最可怕的事情，不但对其自身来说是可怕的，对别人来说也是可怕的。

世上没有绝对的完美

偏执地追寻世间完美的生活，希望事事都尽如人意，最终只能在寻觅中迷失自我。

人生不可能事事都如意，也不可能事事都完美。追求完美固然是一种积极的人生态度，但如果过分追求完美，而又达不到完美，就必然会产生浮躁。过分追求完美往往不但得不偿失，反而会变得毫无完美可言。

在古时候，有户人家有两个儿子。当两兄弟都成年以后，他们的父亲把他们叫到面前说："在群山深处有绝世美玉，你们都成年了，应该做探险家，去寻求那绝世之宝，找不到就不要回来。"

两兄弟次日就离家出发去了山中。

大哥是一个注重实际、不好高骛远的人。有时候，发现的是一块有残缺的玉，或者是一块成色一般的玉甚至是奇异的石头，他都统统装进行囊。过了几年，到了他和弟弟约定的汇合回家的时间。此时他的行囊已经满满的了，尽管没有父亲所说的绝世美玉，但造型各异、成色不等的众多玉石，在他看来也可以令父亲满意了。

后来弟弟来了，两手空空一无所得。弟弟说："你这些东西都不过是一般的珍宝，不是父亲要我们找的绝世珍品，拿回去父亲也不会满意的。"

弟弟接着说："我不回去，父亲说过，找不到绝世之宝就不能回家，我要继续去更远更险的山中探寻，我一定要找到绝世美玉。"

哥哥带着他的那些东西回到了家中。父亲说："你可以开一个玉石馆或一个奇石馆，那些玉石稍一加工，都是稀世之品，那些奇石也是一笔巨大的财富。"

短短几年，哥哥的玉石馆已经享誉八方，他寻找的玉石中，有一块经过加工成为不可多得的美玉，被国工作了御用传国玉玺，哥哥因此也成了巨商大贾。

在哥哥回来的时候，父亲听了他介绍弟弟探宝的经历后说："你弟弟不会回来了，他是一个不合格的探险家，他如果幸运，能中途所悟，明白至美是不存在的这个道理，是他的福气。如果他不能早悟，便只能以付出一生为代价了。"

很多年以后，父亲的生命已经奄奄一息，哥哥对父亲说要派人去把弟弟找回来。

父亲说，不要去找，如果经过了这么长的时间都不能顿悟，这样的人即便回来又能做成什么事情呢？世间没有纯美的玉，没有完美的人，没有绝对的事物，为追求这种东西而耗费生命的人，何其愚蠢啊！

追求完美，是人类自身在不断的成长过程中的一种心理特点或者说一种天性。应该说，这没有什么不好。人类正是在这种追求中，不断完善着自己，使得自身脱去了以树叶遮羞的衣服，变得越来越漂亮，成为这个世界万物之精灵。如果人只满足于现状，而失去了这种追求，那么人大概现在还只能在森林中爬行。

但是，世界上根本就不存在任何一个完美的事物。为了心中的一个梦而偏执地去追求，却全然不顾你的梦是否现实，是否可行，从而浪费掉许许多多的时间和精力，最终只能在光阴蹉跎中悔恨。世界并不完美，人生当有不足。没有遗憾的过去无法链接人生。对于每个人来讲，不完美的生活是客观存在的，无须怨天尤人。不要再继续偏执了吧，给自己的心留一条退路，生活会更美好。

第八章
失败往往是成功的开始

泥泞的路才有脚印

在人生路途中，不要害怕失败，人生本来就需要风雨来洗礼，因为泥泞的路才能有脚印。

曾担任过联合国秘书长的瑞典政治家哈马舍尔德曾说："我们无从选择命运的框架，但我们放进去的东西却是我们自己的。"人不能选择命运，却可以选择自己生命的道路。你选择艰苦的道路，你的脚印就会印在上面，被人们记住。

鉴真和尚刚遁入空门时，寺里的住持让他做了寺里谁都不愿做的行脚僧。

有一天，日上三竿了，鉴真依旧大睡不起。住持很奇怪，推开鉴真的房门，见床边堆了一大堆破破烂烂的芒鞋。住持叫醒鉴真问："你今天不外出化缘，堆这么一堆破芒鞋做什么？"

鉴真打了个哈欠说："别人一年一双芒鞋都穿不破，我刚剃度一年多，就穿烂了这么多的鞋子，我是不是该为庙里节省些鞋子？"住持一听就明白了，微微一笑说："昨天夜里下了一场雨，你随我到寺前的路上走走看看吧。"

寺前是一座黄土坡，由于刚下过雨，路面泥泞不堪。

住持拍着鉴真的肩膀说："你是愿意做一天和尚撞一天钟，还是想做一个能光大佛法的名僧？"

鉴真说:“我当然希望能光大佛法，做一代名僧。”

住持捻须一笑:“你昨天是否在这条路上走过?”

鉴真说:“当然。”

住持问:“你能看到自己的脚印吗?”

鉴真不解地说:“昨天这路又坦又硬，小僧哪能看到自己的脚印?”

住持又笑笑说:“今天我俩在这路上走一遭，你能找到你的脚印吗?”

鉴真说:“当然能了。”

住持听了，微笑着拍拍鉴真的肩说:“泥泞的路才能留下脚印，世上芸芸众生莫不如此啊。那些一生碌碌无为的人，不经风不沐雨，没有起也没有伏，就像一双脚踩在又坦又硬的大路上，脚步抬起，什么也没有留下；而那些经风沐雨的人，他们在苦难中跋涉不停，就像一双脚行走在泥泞里，他们走远了，但脚印却印证着他们行走的价值。”

鉴真惭愧地低下了头。

选择泥泞的路才能留下脚印，不经历风雨，终究不会有任何的收获。只可惜，有许多人只知道放弃，而不懂得坚持。

在失败的河流中泅渡

失败就像一条河，只有不怕河中的滔天巨浪，不怕在渡河中淹死，才可能游到成功的彼岸。人们常赞美游到彼岸的成功英雄，却容易忘记在失败的大河中泅渡的必要。

在人生的旅途上，我们必须以乐观的态度来面对失败，因为在人生之路上，一帆风顺者少，曲折坎坷者多，成功是由无数次失败构成的。正如美国通用电气公司创始人沃特所说：“通向成功的路就是把你失败的次数增加一倍。”

尽管我们说成败孰知谁为英雄，还说失败乃成功之母，许多道理都是成败对举，但着眼都是成功，讲得更多的是成功，甚至整部“成功学”关注更多的也是成功。然而，从一种过程而言，从一种思维方式、一种实事求是的态度而言，充分地关注失败更有意义。

就英雄而言，许多杰出的人物，许多名垂青史的成功者，并不是得益于旗开得胜的顺畅、马到成功的得意，反而是失败造就了他们。这正如孟老夫子所说：“天将降大任于斯人也，必先苦其心志，劳其筋骨，饿其体肤，空乏其身，行拂乱其所为，所以动心忍性，曾（增）益其所不能。”孟子说的这番话，重点就是：一个人要有所成，有所大成，就必须忍受失败的折磨，在失败中锻炼自己，丰富自己，完善自己，使自己更强大、更稳健。这样，才可以水到渠成地走向成功。

的确，天无绝人之路，上天总会给有心人一个反败为胜的机会。

错误往往是成功的开始

错误既然已经发生了，就不要再斤斤计较错误的过程，你需要做的，就是从错误中找到成功的契机，继续前进。

曾经有人做了分析后指出，成功者成功的原因，其中一条很重要的就是“随时矫正自己的错误”。

一位老农场主把他的农场交给一位外号叫“错错”的雇工管理。

农场里有位堆草高手心里很不服气，因为他从来都没有把“错错”放在眼里过。他想，全农场哪个能够像我那样，一举挑杆子，草垛便像中了魔似的不偏不倚地落到了预想的位置上？回想“错错”刚进农场那会儿，连杆子都拿不稳，掉得满地都是草，有的甚至还砸在自己的头上，非常搞笑。等他学会了堆草垛，又去学割草，留下歪歪斜斜、高高低低的一片；别人睡觉了，他半夜里去了马房，观察一匹病马，说是要学学怎样给马治病。为了这些古怪的念头，“错错”出尽了洋相，不然怎么叫他“错错”呢？

老农场主知道堆草高手的心思，邀请他到家里喝茶聊天。“你可爱的宝宝还好吗？平时都由他们的妈妈照顾吧？”高手点点头，看得出来他很喜欢他的孩子。老人又说：“如果孩子的妈妈有事离开，孩子又哭又闹怎么办呢？”“当然得由我来管他们啦。孩子刚出生那阵子真是手忙脚乱哩，不过现在好多了。”高手说。

老人叹了一口气，说：“当父母可不易啊。随着孩子的渐渐长大，你需要考虑的事情还很多很多，不管你愿意不愿意，因为你是父亲。对我来说，这个农场也就是我的孩子，早年我也是什么都不懂，但我可以学，也经过了很多次的失败，就像‘错错’那样，经常遭到别人的嘲笑。”

话说到这个节骨眼上，高手似乎领会了老人的用意，神情中露出愧色。

“优胜劣汰”成为一种必然。但现在人们开始认同另一种说法：成功，就是无数个“错误”的堆积。

错误是这个世界的一部分，与错误共生是人类不得不接受的命运。

但错误并不总是坏事，从错误中汲取经验教训，再一步步走向成功的例子也比比皆是。

因此，当出现错误时，我们应该像有创造力的思考者一样了解错误的潜在价值，然后把这个错误当作垫脚石，从而产生新的创意。事实上，人类的发明史、发现史上到处充满了错误假设和失败观念。哥伦布以为他发现了一条通往印度的捷径；开普勒偶然间得到行星间引力的概念，他这个正确假设正是从错误中得到的；再说爱迪生还知道上万种不能制造电灯泡的方法呢。

错误还有一个好用途，它能告诉我们什么时候该转变方向。比如你现在可能不会想到你的膝盖，因为你的膝盖是好的；假如你折断一条腿，你就会立刻注意到你以前能做且认为理所当然的事，现在都没法做了。假如我们每次都对，那么我们就不需要改变方向，只要继续沿着目前的方向前进，直到结束。结果也许就永远没有改变方向尝试另一条道路的机会。

不要被困难吓倒

每个人心中都应有两盏灯：一盏是希望的灯，一盏是勇气的灯。有了这两盏灯，我们就不怕海上的黑暗和波涛的险恶了。

如果你要选择成功，那么，你同时要选择坚强。因为一次成功总是伴随着许多失败，而这些失败从不怜惜弱者。没有铁一般的意志，你就不会看到成功的曙光。生活告诉我们，怯懦者往往被灾难打垮、吓退，坚强者则大步向前。

据说有一个英国人，生来就没有手和脚，竟能如常人一般生活。有一个人因为好奇，特地拜访他，看他怎样行动，怎样吃东西。那个英国人睿智的思想、动人的谈吐，使那个客人十分惊异，甚至完全忘掉了他是个残疾人了。

巴尔扎克曾说过：“挫折和不幸是人的晋身之阶。”悲惨的事情和痛苦的境况是一所培养成功者的学校，它可以使人神志清醒，遇事慎重，改变举止轻浮、冒失逞能的恶习。上苍之所以将如此之多的苦难降临到世上，就是想让苦难成为智慧的训练场、耐力的磨炼所、桂冠的代价和荣耀的通道。

所以，苦难是人生的试金石。要想取得巨大的成功，就要先懂得承受苦难。在你承受得住无数的苦难相加的重量之后，才能承受成功的重量。

当你碰到困难时，不要把它想象成不可克服的障碍。因为，在这个世界上没有任何困难是不可克服的，只要你敢于扼住命运的咽喉。贝多芬28岁便失去了听觉，耳朵聋到听不见一个音节的程度，但他为世界留下了雄壮的《第九交响曲》。托马斯·爱迪生是个聋人，他要听到自己发明的留声机唱片的声音，只能用牙齿咬住留声机盒子的边缘，使头盖骨骨头受到震动而感觉到声响。不屈不挠的美国科学家弗罗斯特教授奋斗25年，硬是用数学方法推算出太空星群以及银河系的活动变化。他是个盲人，看不见他热爱了终生的天空。塞缪尔·约翰生的视力衰弱，但他顽强地编纂了全世界第一本真正伟大的《英语词典》。达尔文被病魔缠身40年，可是他从未间断过改变了整个世界观念的科学预想的探索。爱默生一生多病，但是他留下了美国文学第一流的诗文集。

如果上苍已经开始用苦难磨砺你，那么，能否通过这次考验，就看你是不是能扼住命运的咽喉，走出一条绚丽的人生之路了。

与苦难搏击，会激发你身上无穷的潜力，锻炼你的胆识，磨炼你的意志。也许，身处苦难之时，你会备感痛苦与无奈，但当你走过困苦之后，你会更加深刻地明白：正是那份苦难给了你人格上的成熟和伟岸，给了你面对一切无所畏惧的勇气。

苦难，在不屈的人们面前会化成一种礼物，这份珍贵的礼物会成为真正滋润你生命的甘泉，让你在人生的任何时刻，都不会轻易被击倒！

挫折是强者的起点

挫折是弱者的绊脚石，却是强者成功的起点。要想成功，就必须做生命的强者。

连遭厄运的人应当牢记：不论在生活中碰到怎样的厄运，都不意味着你命里注定永无出头之日。只要你顺势而为，运气时时都会光临，不间断地连遭厄运毕竟比较少见。生活中的机遇并非一成不变地向我们走来，它们像脉冲一样有起有伏，有得有失。每当人们坐在一起相互安慰时总是说黑暗过后必有黎明，这才是隐匿在生活中的真谛。一个生命的强者，会把各种挫折和厄运当作另一个起点。

生活一次又一次表明，只要一个人全力以赴、奋斗不息，与背运的屠刀拼死相搏，时运终究会逆转，他终究会抵达安全的彼岸。莎士比亚说："与其责难机遇，不如责难自己。"这就是人生的基本课程。我们只要仔细回顾一下生活中坏运变为好运的大量实例，就会发现，挫折和厄运仅仅是强者成功的起点罢了。

在某个地方有一家很大的农户，其户主被称为耶路撒冷附近最慈善的农夫。每年拉比都会到他家访问，而每次他都毫不吝惜地捐献财物。

这个农夫经营着一块很大的农田。可是有一年，先是受到风暴的袭击，整个果园被破坏了。随后，又遇上一阵传染病，他饲养的牛、羊、马全部死光了。债主们蜂拥而至，把他所有的财产扣押了起来。最后，他只剩下一块小小的土地。

这位农夫的太太对丈夫说："我们时常为教师建造学校，维持教堂，为穷人和老人捐献钱，今年拿不出钱来捐献，实在遗憾。"

夫妇俩觉得让拉比们空跑一趟，于心不安，便决定把最后剩下的那块地卖掉一半，捐献给拉比们。拉比们非常惊讶，在这样的状况下，还能收到他们的捐款。

有一天，农夫在剩下的半块土地上犁地，耕牛突然滑倒了，他手忙脚乱地扶起耕牛时，却在牛脚下挖出个宝物。他把宝物卖了之后，又可以和过去一样经营果园农田了。

第二年，拉比们再次来到这里，他们以为这个农夫还和以前一样贫穷，所以又找到这块地上来。附近的人告诉他们："他已经不住在这里了，前面那所高大的房子，就是他的家。"

拉比们走进大房子，农夫向他们说明了自己在这一年里所发生的事，并总结道：只要不惧怕困难，并保持感恩的心，必定会赢得一切的。

这位农夫的经历告诉我们，面对挫折，绝不能害怕、胆怯。去做那些你害怕的事情，害怕自然会消失。狼如果因为遭遇过挫折而胆怯害怕，这个种群就不可能继续生存下去。

人生如行船，有顺风顺水的时候，自然也有逆风大浪的时候。这就要看掌舵的船夫是不是高明了，高明的船夫会巧妙地利用逆风，将逆风也作为行船的动力。

人生、事业的发展也一样。如果你能始终以一种积极的心态去对待你人生中可能遇到的"逆风大浪"，并对其加以合理的利用，将被动转化为主动，那么，你就是人生征途上高明的舵手。

从失败中获取经验

不要被失败所困，花点时间找出失败的原因，并从中汲取教训，你将离最终的成功更近了一步。

所有的人都会有失败的时候，重要的是当你犯了错误的时候，是否会及时承认错误并且想办法去弥补它。

不要被失败所困，花点时间找出失败的原因，并从中汲取教训。如果你不能摆脱失败的阴影，那么你将会裹足不前。

一件事情上的失败绝不意味着你的整个人生都是失败的，失败只是暂时受挫，不要把它当成生死攸关的问题。永远保持积极的心态，你将离成功更近。

相传康熙年间，安徽青年王致和赴京应试落第后，决定留在京城，一边继续攻读，一边学做豆腐以谋生。可是，他毕竟是个年轻的读书人，没有做生意的经验。夏季的一天，他所做的豆腐剩下不少，只好用小缸把豆腐切块腌好。但日子一长，他竟忘了有这缸豆腐，等到秋凉时想起来了，但腌豆腐已经变成了“臭豆腐”。王致和十分恼火，正欲把这“臭气熏天”的豆腐扔掉时，转而一想，虽然臭了，但自己总还可以留着吃吧。于是，就忍着臭味吃了起来，然而，奇怪的是，臭豆腐闻起来虽有股臭味，吃起来却非常香。

于是，王致和便拿着自己的臭豆腐去给自己的朋友吃。好说歹说，别人才同意尝一口，没想到，所有人在捂着鼻子尝了以后，都赞不绝口，一致公认此豆腐美味可口。王致和借助这一错误，改行专门做臭豆腐，生意越做越大，而影响也越来越广，最后，连慈禧太后也慕名前来尝一尝美味的臭豆腐，对其大为赞赏。

从此，王致和臭豆腐身价倍增，还被列入御膳菜谱。直到今天，许多外国友人到了北京，都还点名要品尝这所谓“中国一绝”的王致和臭豆腐。因为腌豆腐变臭这次失败，改变了王致和的一生。

所以在人生路上，遇到失败时我们要学会转个弯，把它作为一个积极的转折点，选择新的目标或探求新的方法，把失败作为成功的新起点。

成功者与失败者最大的不同，就在于前者珍惜失败的经验，他们善于从失败中吸取教训，寻找新的方法，反败为胜，获得更大的胜利；而后者一旦遭遇失败的打击就坠入痛苦的深渊中不能自拔，每天闷闷不乐，自怨自艾，直至自我毁灭。

学会从失败中获取经验，你就会获得最后的成功。

把失败当作一块踏脚石

人不能被失败打倒，相反，人要将失败踩在脚下，把失败当作自己走向成功之路的踏脚石。

美国舌战大师丹诺在他的自传里，曾写过这样一句话：“一个人要做一番非凡的事业，就不应该贪图眼前的享受，应具备不折不挠的意志，并且坚信总会有苦尽甘来的成功之日。”

要想实现自己的人生价值，每个人都不可避免地会遭遇各种各样的失败。在面临失败时，人绝不能被失败打倒，相反，人要将失败踩在脚下，把失败当作自己走向成功之路的踏脚石。

倪萍曾是中国中央电视台当家主持人之一，但是，倪萍在刚刚“出道”时，遭遇过一次重大的挫折。

在电视台举办的各种现场直播节目过程中，主持人遇到的最大困难是很多情况无法预料。因此，就会出现各种束手无策的情况，那种尴尬和无奈真是令主持人难堪。

那一年，中央电视台专门为几对金婚的老年朋友举办一期《综艺大观》，他们都是我国各行各业卓有成就的科学家，其中有一位是我国第一代气象专家。

在直播现场，当主持人倪萍把话筒递到这位老科学家面前时，他顺势就接了过去。

对于直播中的主持人来说，如果把手中的话筒交给采访对象，就意味着失职，因为你手中没有了话筒，现场的局面你就无法控制，无法掌握了。更严重的是，对方如果说了不应该说的话，你就更加被动！但那时众目睽睽，她根本无法把话筒再要回来。

“我首先感谢今天能来到你们中央气象台！”这位老专家第一句话就说错了，全场观众大笑。倪萍伸出手去，想把话筒接回来，但老专家躲开了。后来倪萍又两次伸出手去，但老专家还是没给。于是，舞台上出现了倪萍和老专家来回夺话筒的情况。台下的导演急得老打手势，倪萍更是浑身出汗。

那时候，《综艺大观》是中央电视台的王牌节目之一，节目的收视率很高，所以，直播结束后，不少观众来信批评倪萍：“你不应该和老科学家抢话筒，要懂得尊重别人……”

倪萍认真地检讨了自己，她知道这是她作为节目主持人的失职。面对上亿观众，她绝对不应该抢话筒，更不应该随便打断别人的讲话，更何况是年轻人对长者。但观众们可能并不知道，直播节目的时间一分一秒都是事先经过周密安排的，如果这位长者占了太长的时间，后面的节目就没法连接了。

事情发生后，倪萍没有刻意去推脱责任，反而主动承担了这次失误。这对于刚进台不久的她来说，该需要怎样的勇气啊！接着，她仔细回忆了当时的情景，试图从中找出失败的原因。人不怕犯错误，就怕接连犯相同的错误。经过反复的思考和总结，倪萍得出了这样的体会：如果自己在直播前，能和这位长者多交流交流，了解他的个性，掌握他的说话方式，那天就不会出现尴尬的场面。

随着电视的迅速普及，观众对电视节目主持人的要求和批评也随之增多，倪萍对此都能正确地对待。她知道，只有接受批评，然后再丰富自己、勇于突破，她的艺术生命才会越来越长。相反，害怕批评，裹足不前，那么作为主持人，在失去观众的同时，最终也失去了自己，也就不会是一个成功者。

倪萍后来的成功，充分地说明了这一点。“成功只属于生活的强者！”而要做生活的强者，获得事业上的成功，必须战胜人生道路上的艰难险阻，克服各种各样的挫折与失败。人的一生绝不可能是一帆风顺的，有成功的喜悦，也有扰人的烦恼；会经历波澜不惊的坦途，更有布满荆棘的坎坷与险阻。在挫折和磨难面前，畏缩不前的是懦夫，奋而前行的是勇者，攻而克之的是英雄。唯有与挫折作不懈抗争的人，才有希望看见成功女神高擎着的橄榄枝。

挫折是一片惊涛骇浪的大海，你可能会在那里锻炼胆识，磨炼意志，获取宝藏；也有可能因胆怯而后退，甚至被吞没。鲁迅说：“伟大的心胸，应该表现出这样的气概——用笑脸来迎接厄运。”

把失败看得轻一些、低一些，当作一块踏脚石，你以后就会走得更高、看得更远。

学会从失去中获取

在失去不可避免的时候，你需要做的不是空怀惆怅，而是多思考一下，从失去中获取所得。

在人的一生中，许多事都不是自己所能够把握的，我们不要苛求自己能做到完美。在生命中，每时每刻都会有所失，在这个时候，我们必须学会多从失去中获取。

有个叫阿巴格的人生活在内蒙古草原上。有一次，年少的阿巴格和他爸爸在草原上迷了路，阿巴格又累又怕，到最后快走不动了，爸爸就从兜里掏出 5 枚硬币，把一枚硬币埋在草地里，把其余 4 枚放在阿巴格的手上，说："人生有 5 枚金币，童年、少年、青年、中年、老年各有一枚，你现在才用了一枚，就是埋在草地里的那一枚，你不能把 5 枚都扔在草原里，你要一点点地用，每一次都用出不同来。当你失去一枚金币，你就要有所得。这样才不枉人生一世。今天我们一定要走出草原，你将来也一定要走出草原。世界很大，人活着，就要多走些地方，多看看，不要让你的金币没有用就扔掉。"在父亲的鼓励下，那天阿巴格走出了草原。长大后，阿巴格离开了家乡，成了一名优秀的船长。

人赤条条地来到这个世界，又两手空空地离去。人的一生不可能永久地拥有什么，一个人获得生命后，先是童年，接着是青年、壮年、老年。然而这一切又都在不断地失去，在你得到一些东西的同时，你其实也在失去另一些东西。所以说人生获得的本身就是一种失去。人生在世，有得有失，有盈有亏。有人说得好，你得到了名人的声誉或高贵的权力，同时，就失去了做普通人的自由；你得到了巨额财产，同时就失去了淡泊清贫的欢愉；你得到了事业成功的满足，同时也失去了眼前奋斗的目标。我们每个人如果认真地思考一下自己的得与失，就会发现，在得到的过程中也确实不同程度地经历了失去。整个人生就是一个不断地得而复失的过程。一个不懂得什么时候该失去什么的人，就是愚蠢可悲的人。谁违背这个过程，谁就会像贪婪的吝啬鬼，累倒在地，爬不起来。

要知道失去是不可避免的，但你一定要学会从失去中获取，懂得从失去中获取的人，不论生活中出现什么样的恶劣状况，他都能从容应对，他的生命一定会更充实。

任何时候都不要放弃希望

苦难能毁掉弱者，同样也能造就强者。因此，在任何时候都不要放弃希望。

罗勃特·史蒂文森说过："不论担子有多重，每个人都能支持到夜晚的来临；不论工作多么辛苦，每个人都能做完一天的工作，每个人都能很甜美、很有耐心、很可爱、很纯洁地活到太阳下山，这就是生命的真谛。"确实如此，唯有流着眼泪吞咽面包的人才能理解人生的真谛。因为苦难是孕育智慧的摇篮，它不仅能磨炼人的意志，而且能净化人的灵魂。如果没有那些坎坷和挫折，人绝不会有这么丰富的内心世界。

苦难能毁掉弱者，同样也能造就强者。

有些人一遇挫折就灰心丧气、意志消沉，甚至用死来躲避厄运的打击，这是弱者的表现。可以说生比死更需要勇气，死只需要一时的勇气，生则需要一世的勇气。每个人的一生中都可能有消沉的时候，居里夫人曾两次想过自杀；奥斯特洛夫斯基也曾用手枪对准过自己的脑袋，但他们最终都以顽强的意志面对生活，并获得了巨大的成功。可见，一时的消沉并不可怕，可怕的是在消沉中不能自拔。

做一个生命的强者，就要在任何时候都不放弃希望，我们最终会等到转机来临的那一天。

城市被围，情况危急。守城的将军派一名士兵去河对岸的另一座城市求援，假如救兵在明天中午赶不回来，这座城市就将沦陷。

整整两个时辰过去了，这名士兵才来到河边的渡口。

平时渡口这里会有几只木船摆渡，但是由于兵荒马乱，船夫全都避难去了。

本来他是可以游泳过去的，但是现在数九寒天，河水太冷，河面太宽，而敌人的追兵随时可能出现。

他的头发都快愁白了，假如过不了河，不仅自己会当俘虏，整个城市也会落在敌人手里。万般无奈，他只得在河边静静地等待。

这是一生中最难熬的一夜，他觉得自己都快要冻死了。

他真是四面楚歌、走投无路了。自己不是冻死，就是饿死，要么就是落在敌人手里被杀死。

更糟的是，到了夜里，起了北风，后来又下起了鹅毛大雪。

他冻得瑟缩成一团，他甚至连抱怨自己命苦的力气都没有了。

此时，他的心里只有一个念头：活下来！

他暗暗祈求："上天啊，求你再让我活一分钟，求你让我再活一分钟！”也许他的祈求真的感动了上天，当他气息奄奄的时候，他看到东方渐渐发亮。等天亮时，他惊奇地发现，那条阻挡他前进的大河上面，已经结了一层冰。他往河面上试着走了几步，发现冰冻得非常结实，他完全可以从上面走过去。

他欣喜若狂，牵着马从上面轻松地走过了河面。

第九章
感谢在工作中折磨你的人

工作中的折磨使你不断超越自我

很多人埋怨自己工作辛苦，埋怨老板和上司对自己的折磨，殊不知，唯有折磨才能使你不断超越自我、不断进步。

一个人不但要接受他所希望发生的事情，而且还要学会接受他所不希望发生的事情。要适应现实，接受任何不可改变的事实，心平气和，以平常心面对周围所发生的一切，而不是唉声叹气，自寻烦恼，更不要企求社会来适应你，奢望世界为你一人而改变，这是不可能实现的空想。在困难面前，如果你能承受折磨，你将会赢得长足发展；如果你不能忍受，那么等待你的也许就是被社会淘汰。

上海某高校计算机系一男生，毕业后如愿进了一个颇有名气的软件开发公司，本以为可以用上往日在学校里学习积累起来的编程技术，在公司一展身手，出人头地。可没想到就在他工作 3 个月后，上司竟突然让他负责计算机病毒的防治工作，这与他在学校里所关注和学习的内容有很大的差别。开始，他不禁产生了消极情绪，怎么办呢？经过沉思后，他想通了，只有面对现实，于是又拿起了病毒方面的书籍，开始学习新的知识来适应现在的环境。渐渐地，他竟然喜欢上了反病毒这个行业，而且很快就开发了一个全新的反病毒软件，给公司带来了可观的收入。

当我们面对不如意的事情时，当我们面对现实和理想的冲突时，唯有面对现实，适应现实，克服困难，奋发图强，才可做一个勇往直前的成功者。

如果我们没能学会面对、适应现实，而是逃避现实的话，我们将因经不起考验而被现实所淘汰，成功也将与我们擦肩而过。

一位年轻人毕业后被分配到北京某研究所，终日做些整理资料的工作，时间一久，觉得这样的工作索然寡味。恰好机会来了，一个海上油田钻井队来他们研究所要人，到海上工作是他从小就有的梦想。领导也觉得他这样的专业人才待在研究所光整理资料太可惜，所以批准他去海上油田钻井队工作。在海上工作的第一天，领班要求他在限定的时间内登上几十米高的钻井架，把一个包装好的漂亮盒子送到最顶层的主管手里。他拿着盒子快步登上高高的、狭窄的舷梯，气喘吁吁、满头是汗地登上顶层，把盒子交给主管。主管只在上面签下自己的名字，就让他送回去。他又快跑下舷梯，把盒子交给领班，领班也同样在上面签下自己的名字，让他再送给主管。

他看了看领班，犹豫了一下，又转身登上舷梯。当他第二次登上顶层把盒子交给主管时，浑身是汗，两腿发颤，主管却和上次一样，在盒子上签下名字，让他把盒子再送回去。他擦擦脸上的汗水，转身走向舷梯，把盒子送下来，领班签完字，让他再送上去。

这时他有些愤怒了，他看看领班平静的脸，尽力忍着不发作，又拿起盒子艰难地一个台阶一个台阶地往上爬。当他上到最顶层时，浑身上下都湿透了，他第三次把盒子递给主管，主管看着他，傲慢地说：“把盒子打开。”他撕开外面的包装纸，打开盒子，里面是两个玻璃罐，一罐咖啡，一罐咖啡伴侣。他愤怒地抬起头，双眼喷着怒火，射向主管。

主管又对他说："把咖啡冲上。"年轻人再也忍不住了，"叭"的一下把盒子扔在地上："我不干了！"说完，他看看倒在地上的盒子，感到心里痛快了许多，刚才的愤怒全释放出来了。

这时，这位傲慢的主管站起身来，直视着他说："刚才让你做的这些，叫作承受极限训练，因为我们在海上作业，随时会遇到危险，要求队员身上一定要有极强的承受力，承受各种危险的考验，才能完成海上作业任务。可惜，前面三次你都通过了，只差最后一点点，你没有喝到自己冲的甜咖啡。现在，你可以走了。"

这位年轻人可能自己也没有想到，领导和主管对自己的折磨是一种考验，更是一种锻炼，经过这些考验之后，你的能力和意志力都会得到极大的提高。经受住各种考验，多用心，多忍耐，你就会获得相应的提高。

学会必要的忍耐

当你不愿让命运来主宰你的一切，但又没有反击命运的能力时，切记，应学会忍耐！

美国第三任总统杰弗逊在给子孙的告诫中有一条是："当你气恼时，先数到10后再说话；假如怒火中烧，那就数到100。"

生活中，在遇到一些不顺心和不如意的事情时，我们的情绪往往会被超常激发起来，陷入激动、委屈、不安等精神状态中。此时最容易被情绪操纵，不顾理智做出鲁莽之事。"忍一时风平浪静，退一步海阔天空"，在这个时候，务必要记住"忍耐"二字。强制自己把心情平静下来，认真选择利最大、弊最小的做法，以求达到在当时可能取得的最好效果。

每个人从出生就面临来自方方面面的竞争和挫折。一个人的成功不仅需要不断提高自己的能力，而且需要经受自己在前进道路上的成功与失败的各种考验，需要具备良好的心理素质。由于我们每个人自身的缺点，由于社会还存在着一些阴暗面，还存在着一些人不那么光明正大，因此失败在所难免，有时甚至还不得不忍受“飞来横祸”。在这种情况下，有时需要进行必要的斗争，但是，更多的时候需要的是忍耐。在自己遭到失败的时候，当然希望周围的人同情自己、帮助自己，但是更为重要的是，忍耐住失败的痛苦，学会自己擦净自己伤口的鲜血，并走出痛苦，走向新的生活。要忍耐，以争取自己超越困难，同时，要灵活一些，争取更好的环境，努力奋斗，走向辉煌。

作为命运的主宰者——人，我们应该学会忍耐，因为它常会让我们有意想不到的收获。人在现实中生活，犹如驾一叶扁舟在大海中航行，巨浪和旋涡就潜伏在你的周围，可能会随时袭击你，因此，你要当个好舵手，同时还得具有克服艰难的毅力和勇气，设法绕过旋涡，乘风破浪前进。换言之，忍耐也是面对磨难的一种手法，以不变应万变；忍耐更是一种力量，它能磨钝利刃的锋芒。但忍耐不是软弱，不是退却，也不是背叛，而是以退为进的策略，是求同存异，是寻找合作。

当你不愿让命运来主宰你的一切，但又没有反击命运的能力时，切记，应学会忍耐！

儒家与道家都强调忍耐的重要，只有忍到最后一刻才会发生意想不到的变化，才有希望看到转机。或许你仍在向往一帆风顺，可是却在面对曲折的人生。其实所谓的一帆风顺只是对自己心灵的一种安慰而已，坚信唯有奋斗不息才能成为命运的主人。而在这一步步的努力中，你必须学会忍耐！

忍耐是沉默，功亏一篑是因为不懂得忍耐的真正含义，而坚韧不拔地追求并排除万难有所超越才是忍耐的外延。

实际上，忍耐是一种酝酿胜利的高超手段。忍耐实际上是一种动态的平衡，是一种形式的转换，不要被利益所陶醉，也不要因没有利益而悲伤。忍耐可以帮助我们摆脱烦恼，获得人生的真谛。

忍耐不是目的而是策略，是胜敌的关键所在，但一般人做不到。“小不忍则乱大谋”这句话很正确。三国演义中诸葛亮三气周瑜，愣是活活把周瑜气死了。如果周瑜学会忍耐，哪会有这样的结果呢！

我们有时候不妨学一学鸵鸟，逆来顺受。但是，这不是教大家颓废，只是让大家学会忍让，为将来的爆发，也就是成功创造条件，同时它也可以为你提供丰富的经验。日常生活中，每一个人总会遇到他人的一些伤害，无缘由的中伤、诽谤……

平白无故的是非给我们带来身心伤害。类似的事件大家也许经历过，也可能以后的日子会遇到。在这种时候，大家应泰然处之，将忍耐进行到底，终有一天所有的错误都将改正。平和的心态不只是给我们自己带来了宁静，也给予他人更多！

百忍成钢，人生就像一个磨刀的过程，忍耐好比磨刀石。当心性修炼得清澈如镜，达到这种不以物喜、不以己悲的境界时，那就是我们历经千锤百炼的刀已炼成。

体谅老板，未来才能做好老板

只有学会体谅别人，你才能真正走向成熟。

也许目前，你正遭受老板的折磨，为此，你恨得牙根痒痒。但是，如果你一直停留在恨的状态上，那你绝不会获得成长。只有学会体谅老板，你才能有在未来当老板的机会。

换个角度看老板，是为了让我们可以认清老板的责任和使命，体谅老板所承受的痛苦和压力，站在企业和老板的立场上考虑问题。这样，我们不仅能够成为一名优秀的员工，还可能成为一名优秀的老板。

工作中，员工轻视老板主要分为下列两种情形。

第一种情形是，一旦某位职员在公司中起了很大作用，他就会变得自以为是了。譬如顺利完成了一个大订单，为公司挽回了重大的损失等，他们会想："如果没有我，公司不知道会变成什么样。"

第二种情形是，当员工处于事业的低潮，譬如没有完成业务指标，或者因个人工作问题遭到老板的批评责备，他们的内心会充满挫折感和委屈，于是，就会对那些批评他的人心存怨恨。"当老板有什么了不起，将我放在那个位置上，我一样能做好。"

无论是哪一种情况，都不是一种正确的心态。他们被私欲蒙住了眼睛，看不到老板所付出的代价和努力，看不到做一名优秀的管理者所必须付出的艰辛。

事实上，作为一名老板，其工作性质与员工有很大不同。他必须思考公司整体的发展战略，他必须对每一个重大的决策进行规划，这些工作表面上看没什么大不了的，但却需要长时间的知识和经验的积累。维持一家公司的正常运行，是一个相当复杂的过程，并不是我们所看到的那么简单，他必须具备许多非凡的能力：

——强烈的成就感，这类人追求卓越的成就感的愿望很强烈；

——良好的整合能力，这类人具备不错的逻辑思维能力，能把各种纷繁的信息整合起来，做出准确的判断；

——良好的承受力和持久力，这类人承受压力的能力强，勇于面临各种打击，不轻言放弃；

——良好的团队组织能力，这类人有天生的领导力，善于调动团队整体积极性。

退一步说，如果老板真是很轻松、很悠闲，这并不意味着任何人做了老板都会很轻松，现在的轻松也许是以前辛苦的结果——只是你没有看到老板以前所付出的努力。一旦公司业务进入成熟稳定期，与那些整天疲于奔命的业务员相比，老板的轻松也是理所当然的。

李克是一名业绩出众的营销经理，看到老板每天坐在办公室里，而业务人员四处奔波，使得公司财源滚滚，他内心颇有些不平，于是产生了自己创业的念头。几经筹措终于将公司开起来了，结果如何呢？他发现无论是业务还是管理都并非自己想象的那么简单。

当然，我们并不否定个人创业，这是一种十分可贵的职业精神，但我们必须明白，做老板是一件复杂而且辛苦的事情。做员工时能够认识到这一点，并且给老板更多的体谅，未来才有可能做好老板。

学会体谅你的老板吧，接受老板的折磨，你就会获得更好的成长，为未来的成功添上有益的砝码。

顾客把你磨炼成上苍的天使

不要厌烦顾客的折磨，通过顾客的各种各样的折磨，你的业务能力会得到不同程度的提高。这会为你今后的成功奠定坚实的基础。

阿迪·达斯勒被公认为现代体育工业的开创者，他凭着不断的创新精神和克服困难的勇气，终身致力于为运动员制造最好的产品，最终建立了与体育运动同步发展的庞大的体育用品制造公司。

阿迪·达斯勒的父亲靠祖传的制鞋手艺来养活一家四口人，阿迪·达斯勒兄弟帮助父亲做一些零活。一个偶然的机会，一家店主将店房转让给了阿迪·达斯勒兄弟，并可以分期付款。

兄弟俩高兴之余，资金仍是个大问题，他们从父亲的作坊搬来几台旧机器，又买来了一些旧的必要的工具。这样，鲁道夫和阿迪正式挂出了“达斯勒制鞋厂”的牌子。

起初，他们以制作一些拖鞋为主，由于设备陈旧、规模太小，再加上兄弟俩刚刚开始从事制鞋行业，经验不足，款式是模仿别人的老式样，种种原因导致生产出来的鞋销售并不好。

困境没有让两个年轻人却步，他们想方设法找出矛盾的根源所在，努力走出失败的困境。

聪明的阿迪逐渐意识到：那些成功企业家的秘诀在于牢牢抓住市场，而他们生产的款式已远远落后于当时的市场需求。

兄弟俩着手寻找自己的市场定位，经过市场调查，终于有了结果：他们应该立足于普通的消费者。因为普通大众大多数是体力劳动者，他们最需要的是既合脚又耐穿的鞋。再加上阿迪是一个体育运动迷，并且深信随着人们生活水平的提高，健康将会越来越成为人们的第一需要，而锻炼身体就离不开运动鞋。

定位已经明确，接下来就是设计生产的问题了。他们把自己的家也搬到了厂里，一个多月后，几种式样新颖、颜色独特的跑鞋面世了。

然而，新颖的跑鞋没有像兄弟俩想象得那样畅销。当阿迪兄弟俩带着新鞋上街推销时，人们首先对鞋的构造和样式大感新奇，争相一睹为快。

可看过之后，真正购买的人很少，人们看着两个小伙子年轻、陌生的脸孔，带着满脸的不信任离开了。

兄弟俩四处奔波，向人们推荐自己精心制作的新款鞋，一连许多天，都没有卖出一双鞋。

阿迪兄弟本以为做过大量的市场调查之后生产出的鞋子，一定会畅销，然而无法解决的困难又一次让两个年轻人陷入绝境。

可阿迪·达斯勒的字典里没有“输”这个词，只有勇气陪伴着他们，去闯过一个个难关。

在困难面前，阿迪兄弟没有消沉，没有退缩，而是迎着困难继续努力，在仔细分析当时的市场形势和自己工厂的现状后，终于找到了解决的办法。

兄弟俩商量后决定：把鞋子送往几个居民点，让用户们免费试穿，觉得满意后再向鞋厂付款。

一个星期过去了，用户们毫无音讯，两个星期过去了，还是没有消息。兄弟俩心中都有些焦躁，有些坐不住了。

在耐心地等候中，又一个星期过去，他们现在唯一的办法也只有等待了。一天，第一个试穿的顾客终于上门了。他非常满意地告诉阿迪兄弟俩，鞋子穿起来感觉好极了，价钱也很公道。在交了试穿的鞋钱之后，又定购了好几双同型号的鞋。

随后不久，其余的试穿客户也陆续上门。一时之间，小小的厂房竟然人来人往，络绎不绝。鞋子的销路就此打开，小厂的影响也渐渐扩大了。

阿迪兄弟俩没有被初次创业所遭受的种种困难所吓倒，面对资金不足、经验不足、信誉缺乏等困难，他们凭着自己的信心和勇气一一攻克，为日后家族现代体育工业帝国的建立，打下了坚实的基础。

现在的你也一样，不要抱怨顾客对你的折磨，因为，唯有这些折磨才能将你磨炼成美丽的“天使”。

第十章
感激对手，有利于提高自己

善待你的对手

善待你的对手，尽显品格的力量和生存的智慧。

一旦谈到双赢，人们一向以为这种情况只会发生在自己与合作伙伴之间，而与对手，“不是你死，就是我亡”，这才是最终的结局。

真的是这样吗？显然，答案是否定的。其实我们和对手也可以走进双赢的境地。

所以，我们需要合作伙伴，而不要排斥对手。

对手，是失利者的良师。有竞争，就免不了有输赢。其实，高下无定式，输赢有轮回。曾经败在冠军手下的人，最有希望成为下一场赛事的冠军。只因败者有赢者作师，取人之长，补己之短，为日后取胜奠基。更有一些智者，一番相争之后，便能知己知彼，比得赢就比，比不赢就转，你种苹果夺冠，我种地瓜也可以领先。

对手，是同剧组的搭档。人生在世能够互成对手，也是一种缘分，仿佛同一个分数中的分子、分母。如此说，结局往往只有赢多赢少之别，并无绝对胜败之分。角色有主有次，登台有先有后，掌声有多有少，但彼此相依，缺了谁戏也演不成。同在一个领导班子中也如此，携手共进，共创佳绩，方可交相辉映。

孟子说:“入则无法家拂士，出则无敌国外患者，国恒亡。”奥地利作家卡夫卡说:“真正的对手会灌输给你大量的勇气。”善待你的对手，方尽显品格的力量和生存的智慧。

在秘鲁的国家森林公园，生活着一只年轻的美洲虎。由于美洲虎是一种濒临灭绝的珍稀动物，全世界现在仅存 17 只，所以为了很好地保护这只珍稀的老虎，秘鲁人在公园中专门辟出了一块近 20 平方公里的森林作为虎园，还精心设计和建盖了豪华的虎房，好让美洲虎自由自在地生活。

虎园里森林茂密，百草丛生，沟壑纵横，流水潺潺，并有成群的人工饲养的牛、羊、鹿、兔供老虎尽情享用。凡是到过虎园参观的游人都说，如此美妙的环境，真是美洲虎生活的天堂。

然而，让人们感到奇怪的是，从没有人看见美洲虎去捕捉那些专门为它预备的“活食”。从没有人见它王者之气十足地纵横于雄山大川，啸傲于莽莽丛林，甚至未见它像模像样地吼上几嗓子。

人们常看到它整天待在装有空调的虎房里，或打盹儿，或耷拉着脑袋，睡了吃吃了睡，无精打采。有人说它大约是太孤独了，若是找个伴儿，或许会好些。

于是政府又通过外交途径，从哥伦比亚租来了一只母虎与它做伴，但结果还是老样子。

一天，一位动物行为学家到森林公园来参观，见到美洲虎那副懒洋洋的样儿，便对管理员说，老虎是森林之王，在它所生活的环境中，不能只放上一群整天只知道吃草、不知道猎杀的动物。

这么大的一片虎园，即使不放进去几只狼，至少也应该放上两只猎狗，否则，美洲虎无论如何也提不起精神。

管理员们听从了动物行为学家的意见，不久便从别的动物园引进了两只美洲狮投进了虎园。这一招果然奏效，自从两只美洲狮进虎园的那天起，这只美洲虎就再也躺不住了。

它每天不是站在高高的山顶愤怒地咆哮，就是有如飓风般冲下山冈，或者在丛林的边缘地带警觉地巡视和游荡。老虎那种刚烈威猛、霸气十足的本性被重新唤醒。它又成了一只真正的老虎，成了这片广阔的虎园里真正意义上的森林之王。

一种动物如果没有对手，就会变得死气沉沉。同样的，一个人如果没有对手，那他就会甘于平庸，养成惰性，最终导致庸碌无为。

一个群体如果没有对手，就会因为相互的依赖和潜移默化而丧失灵活，丧失生机。

一个行业如果没有对手，就会因为丧失进取的意志，就会因为安于现状而逐步走向衰亡。

许多人把对手视为心腹大患，认为对方是异己，是眼中钉，是肉中刺，恨不得马上除之而后快。其实只要反过来仔细一想，便会发现拥有一个强劲的对手，反而倒是一种福分、一种造化。

因为一个强劲的对手，会让你时刻有种危机四伏感，它会激发起你更加旺盛的精神和斗志。

有时候，表面上看来，我们从对手身上得到的学习机会没有那么直接、明显，然而，仅仅是承受他带给我们的压力，就已是很宝贵的机会，可以对我们的成长起到很大的助益。不要随便把对手视为敌人或仇人，只有这样，我们才可以冷静地观察对方，客观地审视自己；也唯有这样，才能在与对手交手的过程中学到东西。

然而，很多人无法这样看待对手。由于对手和敌人往往只有一线之隔，甚至是一体两面，因而对手也很容易被视为仇人。很多人会带着各种情绪来看待对手，经常会这样想：敌人和仇人当然是不好的，哪有向他们学习的道理?

不少人在碰到对手的时候，首先是不屑一顾(觉得对手的实力不过如此)，接下来是愤怒(发现这样的人竟然有很多人喜欢，还威胁甚至超越自己)，最后则是不允许别人在面前说对手的只言片语。

其实，越是敌人和仇人，可学的东西才越多。对方要消灭你，一定是倾巢而动、精锐尽出。对方使出浑身解数的时候，也就是传授你最多招数的时候(敌人为了激怒你、伤害你而使出的一些手段，就是任何其他老师所不能教你的)。所以，如果你有个很强的对手，你应该从心底欢喜。就像每天要照照镜子一样，你每天都要仔细盯紧这个对手，好好欣赏他，好好向他学习。而最好的学习，永远来自你和他交手、被他击中的那一刻。一个人有了对手，才会有危机感，才会有竞争力。有了对手，你便不得不奋发图强，不得不革故鼎新，不得不锐意进取，否则，就只有等着被吞并、被替代、被淘汰。善待你的对手吧！有时候，将我们送上领奖台的，不是我们的朋友，而恰恰是我们的对手。

远离虚荣才能接近对手

对手是你的“敌人”，但从另一个方面来说，对手也是对你的成功帮助最大的人。你只有抛弃虚荣心理，才能跟你的对手走到一起。

商场上有句俗话这样说:“同行是冤家。”不错，你的同行的确就是你的竞争对手。在抢占市场时，你们的确是冤家。但是，不可否认的是，如果没有竞争对手，只有个人垄断，那将会导致不思发展的后果。有时候，要想使自己变得更强更好，你必须要善待自己的对手。

那你要怎样接近自己的对手呢？这就要求你抛弃虚荣心理，主动和对方接触，你才能接近对手，并了解对手，学习对手，最终达到双赢的效果。

有个名叫西拉斯的人，在一个小镇上开一家杂货铺。这铺子是他爸爸传下来的，他爸爸又是从他爷爷手里接过来的。他爷爷开这铺子的时候南北两方正在打仗。

西拉斯买卖公道，信誉很好。他的铺子对镇上的人来说就像手足，不可缺少。西拉斯的儿子在长大，小铺子就要有新接班人了。

可是有一天，一个外乡人笑嘻嘻地来拜访西拉斯，情况便变得严重了！此人说，他想买下这铺子，请西拉斯自己作价。

西拉斯怎么舍得？即便出双倍价格他也不能卖！这铺子可不仅仅是铺子，这是事业，是遗产，是信誉！

外乡人耸耸肩，笑嘻嘻地说："抱歉，我已选定街对面那幢空房子，粉刷一番，弄得富丽堂皇，再进些上好货品，卖得更便宜，那时你就没生意了！"

西拉斯眼见对面空房贴出了翻新布告，一些木匠在里面锯呀刨呀，有一些漆匠爬上爬下，他的心都碎了！他无可奈何却又不无骄傲地在自家店门上贴了张告示："敝号系老店，95 年前开张。"

对面也换了一张告示："敝号系新店，下礼拜开张。"

人们对比着读了，无不心中暗笑。

新店开业前一天，西拉斯坐在他那间阴暗的店堂里想心事，他真想把对手臭骂一顿，幸亏西拉斯有个好妻子。

"西拉斯，"她用低低的声音缓缓地说，"你巴不得把对面那房子放火烧了，是不是？”

“是巴不得！”西拉斯简直在咬牙切齿，“烧了有什么不好？”

“烧也没用，人家保险过。再说，这样想也缺德。”

“那你说我该怎么想？”西拉斯冒着火。

“你该去祝愿。”

“祝愿天火来烧？”

“你总说自己是个厚道人，西拉斯，你一碰到切身事就糊涂。你该怎么做不是很清楚吗？你应该祝愿新店开业成功。”

“你是脑筋出问题了吧，贝蒂。”

说是这么说，西拉斯最后决定去一次。

第二天早晨新店还没开门，全镇人已等在外边。大家看着正门上方赫然写着“新新百货店”几个金字，都想进去一睹为快。

西拉斯也在人群中，他快快活活跨到台阶上大声说：“外乡老弟，恭喜开业，谢谢你给全镇人带来方便！”

他刚说完便吃了一惊，因为全镇人都围上来朝他欢呼，还把他举起来。大家跟他进店参观。谁都关心标价，谁都觉得很公道。那外乡老板笑嘻嘻地牵着西拉斯的手，两个生意人像老朋友。

后来，两家生意都做得兴隆，因为小镇一年年变大了。

故事给我们一个很好的启示：

一个能容忍对手发展的人，不但是一个胸襟宽广的人，还是一个具有远见的人。让竞争对手时刻在背后激励自己、鞭策自己，使自己不能有片刻懈怠，努力向前发展，实现双赢目的，实在是再好不过。

放下自私和虚荣，主动接受对方。“尺有所短，寸有所长”，只要你诚心接交，对方也会坦诚相待，你就会从对手身上学到长处，从而更有利于自己的发展。

心胸开阔，天地自然宽广

任何时候，都不要嫉妒对手，一旦你心生嫉妒，你的心态就会失衡，你的天地就会越来越黯淡，你的人生之路也就会越来越狭窄。

很多人看到自己的对手越来越好，心中不服，他们想方设法地去破坏对方，阻止对方前进，结果在这个过程中，他已经看不到自己的缺陷，心灵被嫉妒占据，最后导致两败俱伤，悔恨莫及。

我们为什么不好好对待自己的对手呢？把胸怀放宽一些，你的人生天地也自然会宽广起来。

请看两则媒体上刊载的因嫉妒对手而犯罪的新闻。

某县一建材市场老板王某经营有方，引起竞争对手张某的嫉妒，张某出资雇人将王某打成了残疾。张某随后被捕。

某男子因嫉妒相邻饭馆生意红火，为争抢客人，竟在相邻饭馆投放农药，结果导致10名食客用餐后中毒住院，后该男子被抓获归案。经过大量调查，当地检察院以投放危险物品罪对其提起公诉，法院依法判定罪名成立，判处其有期徒刑4年。

嫉妒对手导致犯罪，毁掉自己的一生，何其不值！

我国的传统医学对嫉妒的危害早就有过论述，《黄帝内经·素问》明确指出："妒火中烧，可令人神不守舍，精力耗损，神气涣失，肾气闭寒，郁滞凝结，外邪入侵，精血不足，肾衰阳失，疾病滋生。"

嫉妒破坏友谊、损害团结，给他人带来损失和痛苦，既贻害自己的心灵又殃及自己的身体健康。

心胸开阔，天地自然宽广。告别嫉妒心理吧，以宽广的胸怀去接纳、祝福自己的对手，你也会获得对手的尊重，同时你也能从对手那里学到经验，提高自己，何乐而不为？

下定决心去做伟大的事业

人不能获得成功的原因，有时就因为他们没有下定决心。如果你能够下定决心，并努力去做，再大的困难也阻挡不了你前进的脚步。

当今成功学界流行一个著名观点：成功来源于你是想要，还是一定要。如果仅仅是想要，可能我们什么都得不到；如果是一定要，那就一定有方法可以得到。成功来源于“我要”。我要，我就能；我一定要，我就一定能。

100% 的意愿，决定我们一定能找到 100% 的方法，因为成功一定有方法。

100% 的意愿，决定我们一定会采取 100% 的行动，因为第九十九步放弃，恰恰反证我们仅仅是想要，我们不是一定要，即不是真正的 100% 的意愿。

100% 的意愿，100% 的期望强度，强烈的成功欲望，这一切都在向我们证明：是决心，而不是环境在决定我们的命运；只有决心，才最终决定成功。

下定决心去做伟大的事业，你才能成就伟大。

17 岁的休斯做推销员时，他所有的亲戚朋友，都非常反对他做推销员，所以，他只好做陌生拜访。可是休斯又不大敢做陌生拜访，因为他害怕敲别人家门或跟陌生人谈论产品的时候，会被他们拒绝，因此业绩一直无法突破。

直到有一天，休斯的经理跑来找他，对他说："你今天跟我去拜访。"

那天，他就跟经理一起下楼走到马路上，经理看到对面走来一个小女孩，就告诉休斯："假如我现在走过这条马路没有办法向她推销产品的话，我走回马路时就让车撞死。"当时休斯听后吓了一大跳，心想经理怎么说出这种话。

只看到经理走过马路，开始向这位小女孩推销产品，经过了15分钟之后，他终于把产品卖出去了。

休斯看到之后，大为惊奇。于是，第二天他也想如法炮制，他就走下楼，开始向陌生人推销。可是，当他向陌生人开口的时候，头脑里马上想到万一被拒绝怎么办？于是又打退堂鼓了。

后来休斯回公司里面，找了一位同事并带他下楼，休斯对同事说："你看着，假如我无法向对面那个陌生人推销产品的话，我走回马路时就让车撞死。"

当休斯说完这句话的时候，他脑海里一片空白，根本不知道自己即将如何推销。他硬着头皮走过去，开始与陌生人交谈，他根本不知道自己要说什么，但是又不能走回头路，因为，他刚刚做过承诺、发过誓了，于是他使出浑身解数向这位陌生人推销产品，经过了30分钟之后，不可思议的事情发生了：那个陌生人终于买了他的产品。

休斯发现，原来决心的力量这么大。

其实在人生的道路上何尝不是如此。在失意的时候，只要给自己加点劲，加点自信，咬咬牙，也许就能挺过去；也可能在徘徊与犹豫不决中一不小心跌了下去，再无心继续；也有可能在接近成功时，过早惊喜，让唾手可得的成功因一时大意离自己而去。有时候也不是不能成功，只是我们心有杂念，前怕狼，后怕虎，想得太多，分散了精力，让成功与自己擦肩而过。

挫折是锻炼意志的试金石，一生中有许多的坎坷需要走过，许多的挫折失意需要面对。坚定信心，下定决心，就成功了一半，相信自己：我行！我行！我一定能行！什么事都是人做的，别人能做的，我也一定能做，就算不能做得最好，至少我可以做得更好。不在乎别人的眼光，不和别人攀比，自己尽力，自己满意就行。

飞过高山、大海的小鸟，翅膀才会更强硬。只要你能够下定决心，再大的困难也不能阻挡你。在走过风风雨雨后，你会发现，曾经认为天大的难事，现在看来也不过是小菜一碟。

再遇挫折时，就当是又一次考验；再需要下决心时，不要想着下一次。现在就说：我行！我行！我一定能行！而不是也许能行。成功总是垂青有准备的人，勇敢面对，付出努力，才有成功的可能。

第十一章
感恩磨难，生气不如争气

给“气球”松松口

纵使人生中有再多的磨难和考验，我们也不能像一个被充满了的气球一样，“嘭”的一声，就剩下“粉身碎骨”。

气球越是鼓足了气，就越容易爆炸，人也是一样，心里存有太多气，不仅伤心也会伤身。莎士比亚说：“不要因为您的敌人燃起一把火，您就把自己烧死。”所以，当我们意识到自己的情绪波动的时候，就应该努力用理智去控制，而不要让自己的情绪随意地发泄出来。

但是，现实生活中，能够以自己的理智控制情绪的人并不多。通常情况下，我们都是在情绪的左右下生活。有时候，很多事情堆积在一起，就会让我们很生气，甚至到了理智根本无法控制的局面。这个时候，我们不妨给自己找一个“出气口”，让自己的精神得到缓解，也就不会那么生气了。

古时候有一个妇人，特别喜欢为一些琐碎的小事生气。她也知道自己这样不好，便去求一位高僧为自己谈禅说道，开阔心胸。

高僧听了她的讲述，一言不发地把她领到一个禅房中，落锁而去。妇人气得跳脚大骂。骂了许久，高僧也不理会。妇人又开始哀求，高僧仍置若罔闻。妇人终于沉默了。高僧来到门外，问她：“你还生气吗？”

妇人说："我只为我自己生气，我怎么会到这地方来受这份罪。""连自己都不原谅的人怎么能心如止水？"高僧拂袖而去。过了一会儿，高僧又问她："还生气吗？""不生气了。"妇人说。"为什么？""气也没有办法呀。""你的气并未消逝，还压在心里，爆发后将会更加剧烈。"高僧又离开了。高僧第三次来到门前，妇人告诉他："我不生气了，因为不值得气。""还知道值不值得，可见心中还有衡量，还是有气根。"高僧笑道。

当高僧的身影迎着夕阳立在门外时，妇人问高僧："大师，什么是气？"

高僧将手中的茶水倾洒于地。妇人视之良久，顿悟。叩谢而去。

何苦要气？何苦要拿别人的错误来惩罚自己？人生短短几十年，幸福和快乐尚且享受不尽，哪里还有时间去气呢？所以，我们应该学会消消气，学会控制自己的情绪。在生活中，遇到烦心事在所难免，此时，内心的郁闷、愤怒总想找个地方发泄一下，不然会感到心里憋得慌。找朋友或同学诉说自然是个好方法，但有时有些话不能对别人说，同时怒气也不能往别人身上撒。那怎么办呢？

网球巨星桑普拉斯一次在争夺大满贯杯冠军比赛时，与对手陷入苦战，不料中场休息时，他却在众目睽睽下，手抱浴巾，失声痛哭，原来当年他的启蒙教练兼好友因病亡故，心情已受影响，现在又在比赛中承受如此巨大的压力，因而百感交集地哭泣。有人可能会觉得怎么一个大男人竟会在这种公共场合落泪，然而桑普拉斯之所以能称霸网坛，除了他的球技外，在情绪及心理的反应上都高人一等，因此他每每能在紧要关头化险为夷，赢得胜利，包括那场比赛。

每个人都有不同的发泄方式，所以选择哭泣也不是什么丢脸的行为。只要我们没有做过伤害别人的事情，没有把别人当成自己的“出气筒”，那么即使满脸泪水又何妨？

反击别人不如充实自己

当我们遭到冷遇时，不必沮丧，不必愤恨，唯有尽全力赢得成功，才是最好的反击。

有时候，白眼、冷遇、嘲讽会让弱者低头走开，但对强者而言，这也是另一种幸运和动力。所以美国人常开玩笑说，正是因为负面的刺激，才造就了杜鲁门总统。

在高中毕业班时，查理·罗斯是最受老师喜爱的学生之一。他的英文老师布朗小姐，年轻漂亮，富有吸引力，是校园里最受学生欢迎的老师之一。同学们都知道查理深得布朗小姐的青睐，他们在背后笑他说，查理将来若不成为一个人物，布朗小姐是不会原谅他的。

在毕业典礼上，当查理走上台去领取毕业证书时，受人爱戴的布朗小姐站起身来，当众吻了一下查理，给他出人意料的祝贺。当时，本以为会发生哄笑、骚动，结果却是一片静默和沮丧。

许多毕业生，尤其是男孩子们，对布朗小姐这样不怕难为情地公开表示自己的偏爱感到愤恨。不错，查理作为学生代表在毕业典礼上致告别词，也曾担任过学生年刊的主编，还曾是“老师的宝贝”，但这就足以使他获得如此之高的荣耀吗？典礼过后，有几个男生包围了布朗小姐，为首的一个质问她为什么如此明显地冷落别的学生。

“查理是靠自己的努力赢得了我特别的赏识，如果你们有出色的表现，我也会吻你们的。”布朗小姐微笑着说。男孩们得到了些安慰，查理却感到了更大的压力。他已经引起了别人的嫉妒，并成为少数学生攻击的目标，他决心毕业后一定要用自己的行动证明自己值得布朗小姐报之一吻。毕业之后的几年内，他异常勤奋，先进入了报界，后来终于大有作为，被杜鲁门总统任命为白宫负责出版事务的首席秘书。

当然，查理被挑选担任这一职务也并非偶然。原来，在毕业典礼后带领男生包围布朗小姐，并告诉她自己感到受冷落的那个男孩子正是杜鲁门本人。

查理就职后的第一件事，就是接通布朗小姐的电话，向她转述美国总统的问话：“您还记得我未曾获得的那个吻吗？我现在所做的能够得到您的赏识吗？”

生活中，当我们遭到冷遇时，不必沮丧，不必愤恨，唯有尽全力赢得成功，才是最好的反击。当有人刺激了我们的自尊心，伤害到我们时，与其强烈地批驳别人，不如思考自己什么地方还需要完善。

有个喜欢与人争辩的学者，在研究过辩论术，听过无数场辩论，并关注它们的影响之后，得出了一个结论：世上只有一个方法能从争辩中得到最大的利益——那就是停止争辩。你最好避免争辩，就像避免战争或毒蛇那样。

这个结论告诉我们：反击别人不如充实自我。争辩中的赢不是真赢，它带来的只是暂时的胜利和口头的快感，它会使他人不满，影响你与他人之间的关系，更重要的是，在争辩中失利的人不会发自内心地承认自己的失败，所以你的说服和辩论是徒劳无功的，无助于事情的解决。

有一种人，反应快，口才好，心思灵敏，在生活或工作中和别人有利益或意见的冲突时，往往能充分发挥辩才，把对方辩得哑口无言。可是，我们为什么一定要与对方辩论到底以证明是他错了？这么做除了让我们得到一时的快意之外还有什么呢？这样能使他喜欢我们，或是能让我们签订合同？事实并非如此，要想拥有良好的人际关系，要想使自己在事业上游刃有余，在朋友中广受欢迎，在家庭中和睦相处，我们最好不要试图通过争辩去赢得口头上的胜利。

反击别人，除了互相伤害以外，我们不会得到任何好处。这是因为，就算我们将对方驳得体无完肤、一无是处，那又怎样？即使他表面上不得不承认我们胜了，但他心里会从此埋下怨恨的种子。所以，还不如用反击别人的时间来充实自我。

脾气来了，健康就没了

生活中我们常会因为一些事情陷入愤怒之中，愤怒具有很大的破坏力，同时对人的健康也有很强的杀伤力。“气”是杀人不见血的刀。

有一位经理，一大早起床，发现上班快要迟到了，便急急忙忙地开着车往公司奔。一路上，为了赶时间，这位经理连闯了几个红灯，最终在一个路口被警察拦了下来，给他开了罚单。这样一来，上班迟到已是必然。到了办公室之后，这位经理犹如吃了火药一般，看到桌上放着几封昨天下班前便已交代秘书寄出的信件，更是气不打一处来，把秘书叫了进来，劈头就是一阵骂。

秘书被骂得莫名其妙，拿着未寄出的信件，走到总机小姐的面前，照样是一阵狠批。秘书责怪总机小姐，昨天没有提醒她寄信。

总机小姐被骂得心情恶劣之至，便找来公司内职位最低的清洁工，借题发挥，对清洁工的工作，没头没脑地又是一连串声色俱厉的指责。

清洁工底下，没有人可以再骂，她只得憋着一肚子闷气。下班回到家，清洁工见到读小学的儿子趴在地上看电视，衣服、书包、零食，丢得满地都是，刚好逮住机会，把儿子好好地教训了一顿。

儿子电视也看不成了，愤愤地回到自己的卧房，见到家里那只猫正睡在房门口，儿子一时怒由心中起，立即狠狠地踢了它一脚，把猫给踢得远远的。

无故遭殃的猫，心中百思不解："我这又是招谁惹谁了？"

世间万事，危害健康最甚者，莫过于生气。诸如：咆哮如雷的"怒气"，暗自忧伤的"闷气"，牢骚满腹的"怨气"，有口难辩的"冤枉气"等。"气"乃一生之主宰，与人体健康关系甚密。若"心不爽，气不顺"，必将破坏机体平衡，导致各器官功能紊乱，从而诱发各种疾病和灾难。所以《内经》就明确指出："百病生于气矣。"

美国生理学家爱尔马为了研究心理状态对人体健康的影响，设计了一个很简单的实验：把一支玻璃试管插在装有冰水混合物的容器里，然后收集人们在不同情绪状态下的"气水"。研究发现：当一个人心平气和时，他呼吸时水是澄清透明无杂的；悲痛时水中有白色沉淀；悔恨时有蛋白质沉淀；生气时有紫色沉淀。爱尔马把人在生气时呼出的"生气水"注射到大白鼠身上，12分钟后，大白鼠竟死了。由此爱尔马分析认为："人生气时的生理反应十分强烈，分泌物比任何情绪时都复杂，都更具有毒性。因此动辄生气的人很难健康，更难长寿。”

愤怒是一种情绪，生活中我们常会因为一些事情陷入愤怒之中，我们觉得是对方做得不对不好，自己没有什么错误，所以我们生气。然而转念想想，生气给我带来什么益处呢？愤怒能损害我们的健康，使我们的理解力和判断力都降低，还可能使我们做出无法挽回的事情，这些都是愤怒的恶果。

既然如此，为什么没做错什么事情的我们要用别人犯的错误惩罚自己？为了在愤怒时克制住自己的情绪，可以试试以下方法。

1. 深呼吸

从生理上看，愤怒需要消耗大量的能量，你的头脑此时处于一种极度兴奋的状态，心跳加快，血液流动加速，这一切都要求有大量的氧气补充。深呼吸后，氧气的补充会使你的身体处于一种平衡的状态，情绪会得到一定程度的控制。虽然你仍然处于兴奋状态，但你已有了一定的自控能力，数次深呼吸可使你逐渐平静下来。

2. 理智分析

你将要发怒时，心里快速想一下：对方的目的何在？他也许是无意中说错了话，也许是存心想激怒你。无论哪种情况，你都不能发怒。如果是前者，发怒会使你失去一位好朋友；如果是后者，你的发怒正是对方所希望的，他就是要故意毁坏你的形象，你不能让他得逞！这样稍加分析，你就会很快控制住自己。

3. 寻找共同点

虽然对方在这个问题上与你意见不同，但在别的方面你们是有共同点的。你们可搁置争议，先就共同点进行合作。

4. 回想美好时光

想一想你们过去亲密合作时的愉快时光，使自己心情放松下来。如果你仅仅是因为与他人信仰上的差异而想动怒，你不妨把思绪带到一个令人快意的天地里：美丽的海滩、柔和的阳光、广阔的大海……你会觉得，人生是如此的美好，大自然是如此的包罗万象，人也应该有它那样的博大胸怀，能容得下别人的不同之处……想到这些，你就容易控制自己的怒气了。

怒气控制住了，健康也就有了。

对批评鞠个躬

经常听一听别人的声音，虚心地接受别人的批评和指正，也未尝不是一个让自己更加完美的方法。

当人类世界被现代技术变成一个村庄的时候，无论你身在何处，也不管你是为了学习还是工作，我们都无法和网络划清界限。即便是身为天王级巨星的刘德华也经常上网。他如此沉迷网络，甚至到了每天不上网就不自在的地步。但是他上网和我们经常看到的上网聊天、打游戏有所不同。用他自己的话说："他们将全球有关我的信息集合起来给我看，让我知道世界各地的人对我的看法，他们感觉我是一个怎样的人，这是我很想知道的事。加上地球上有时差关系，所以我每天不止上一次网去看看这些有关我的信息。"

原来，刘德华上网是为了接受更多的批评，让自己更加了解自己。有勇气接受别人的批评，才能够不断取得进步；同时，敢于接受别人批评的人，也显示了自己莫大的勇气和自信。相反，一个听到别人的批评就暴跳如雷、反唇相讥的人，不但缺乏涵养、心胸狭窄，而且这种冲动的做法还会使想帮助他的人都敬而远之。坦然接受他人的批评，无论是正面的还是负面的，你才能成为一个心胸开阔、受别人欢迎的人。

刘德华刚出道时，香港有家知名电台的老板听了他的歌后，当即表示，“这个人不懂唱歌，也没有歌唱的天分”，从此不再听他唱歌，并在很多场合坦言刘德华是歌坛“四大天王”里最差的一个。但是刘德华并没有因为别人的打击和嘲笑而气馁，从此，他每逢演唱会必定要给这个人送票，邀请他去听歌。十几年后，那个老板终于肯参加他的演唱会，并且为他的歌声所打动，不禁夸赞道：“原来是我错了，华仔真的很会唱歌。”

刘德华能够在别人的批评和讽刺之下，不气馁，用自信做支撑，用实力去说话，逐渐走出了一条属于自己的星光大道。

世界是五光十色的，世界上的人们也用各不相同的视角来看待生活。不同的人站在不同的方位看待同一个事物，也会产生不同的观点。正如“一千个读者眼中就有一千个哈姆雷特”一样，人们对刘德华的看法也褒贬不一。对此，他开怀地说：“世上当然会出现有人喜欢或不喜欢我的情况，好评语自然会吸引我多看，但对我不好的评语我也会认真地看一次，这样可以完全了解网友是如何看待我的，让我可以加深了解自己，从而作出改进。”每个人都需要面对世界，不管你肯不肯；每个人都要面对别人的评论，不管你愿意不愿意。我们在面对别人的评论时，最好的解决方式就是像刘德华那样，换个角度想事情，这样我们看到的就不会是别人的苛刻和刁钻，而是自己应该进一步提升的空间。

可是在现实生活中，我们总是希望按照自己的想法去勾勒我们的世界，希望一切都按照自己的计划进行，也希望别人都在为自己的世界服务，所以我们总是不愿意听到不同的声音，更不愿意听到别人的批评和指责。

按照自己的理想搭建的世界，毕竟只是我们的一厢情愿，虽然我们一直希望自己是最完美的，可是谁都没有办法抹杀自己身上的不足。有时候，因为过于理想化，我们常常会只看到自己身上的优点，而忽略了自己的缺点。所以，经常听一听别人的声音，虚心地接受别人的批评和指正，也未尝不是一个让自己更加完美的方法。

所以，对于敢于批评和指正我们的人，不要总是把他们当成我们的敌人。当我们从他们的话语里了解了一个我们看不到的自己的时候，我们应该给予他们最真诚的感谢。

在逆境中不妨微笑

苦难并不可怕，只要我们对着生活笑一笑，那么一切灾难都会烟消云散的。

在我们的生活中，逆境多于顺境，这是一种人生规律。就像航行的帆船，需要接受惊涛骇浪的考验，有波折的生活才富有创造的魅力。心情沮丧的时候，给自己一片阳光，还自己晴朗的天空。

身处逆境是痛苦的，但也是幸运的。因为逆境的口袋里藏有非常丰富的财富，在你熬过最艰难的关口时，你会意外地得到这笔丰厚的财富。

有一个男孩子，出生时他的腿是畸形，没有肛门（医生只好给他割了道深口，让他能痛苦地排便），而且他的膀胱和肠也不正常，躺在观察室里奄奄一息。医生断言，孩子几乎不可能活过24小时！然而，他挣扎着，活过了一周，又是一周……他顽强地活了下来。

男孩实在太弱太小了，胆怯的他对任何比他大的东西都充满恐惧，甚至家里的狗也经常欺负他。父亲经常对他说："孩子，你必须自己面对一切恐惧，勇敢起来！"

当他进入学校时，他压根儿没有想到迎接自己的却是噩梦。个头矮小的他成了学校调皮学生的玩偶：他们掀翻他的轮椅，弄坏他轮椅上的刹车，让他从走廊直接"飞"进老师的办公室；最可怕的一次是几个同学用绳子绑住他的手，用胶带封住他的嘴，把他扔进垃圾箱里，接着在垃圾箱外点起了火，滚滚浓烟令他窒息，他万分惊恐，直到一位老师将他解救出来……男孩终于无法忍受了，回到家，想着自己一次次被折磨、被侮辱的遭遇，他放声大哭。他想到了自杀，但他还是舍不得疼爱他的双亲……

高中毕业后，他决定找份工作。每天早上，他趴在滑板上，敲开一家又一家的店门，问店主是否愿意雇用他。可等人家打开门时，根本就没有发现几乎趴在地上的他，就又把门关上了。

在经过无数次应聘失败后，他终于找到自己的第一份工作。他每天凌晨四点半起床，赶火车到镇上，然后爬上他的滑板，从车站赶到几千米外的工厂。尽管生活艰辛，但是能够自食其力，他勇敢而快乐地活着。

从12岁起，他就开始打室内板球，后来还喜欢上了举重与轮椅橄榄球。他对运动的执着热爱，使他取得了一系列好成绩，相继获得了1994年澳大利亚残疾人网球赛的冠军以及2000年全国健康举重比赛第二名。他就是约翰·库缇斯。

逆风飞翔的风筝，才能飞得高。只有经历了逆境的磨难，你才能在人生的旅途中学会勇敢，学会坚强，学会尊重，懂得珍惜，你才能像一棵青松一样，不管以后有多么大的暴风雪，你都能傲然挺立。

从逆境向上是艰难的，但你始终在向高处移动；走在下坡的路上，永远也领略不到高处美妙的风光。所以，在经历困境的时候，不要总是自怨自艾，不要以为自己已经走上了绝路，大胆地往前走，你就能体会到“绝处逢生”的喜悦。

在我们的身边，很多人不堪生活的折磨，高考失利、工作不理想、婚姻生活让人窒息、孩子不可爱、父母不理解……这些事情扰得我们对生活失去了信心，于是很多人选择逃避，要么不顾一切离家出走，要么放弃了人生选择自杀，要么悲观立世从此愤世嫉俗，要么自怨自艾从此一蹶不振……

生活，远没有我们想象中那么可怕。每个人都是这么一步一步走过来的，那些成功的人，甚至要经受比我们更多的磨难，可是因为他们没有放弃，所以他们走向了成功。相比之下，我们比他们少了一些勇气，少了一些战胜困难的锐气。

面对逆境，我们要相信自己，相信别人能做到的你也一定能够做到。跌倒了，再爬起来。面对人生，我们也不要总是一味地悲观，笑一笑，你就会发现，原来不是没有晴天，而是我们的愁容挡住了阳光。

不要为旧的悲伤，浪费新的眼泪

为了采集眼前将逝的花朵而花费太多的时间和精力是不值得的，道路还长，前面还有更多的花朵，吸引我们一路走下去……

我们生活在现在，面向着未来，过去的一切，都被时间之水冲得一去不复返。所以，我们没有必要念念不忘曾经的那些不愉快、那些与别人的仇怨。念念不忘，只能被它腐蚀，而变得更加憎恨和怨怼。

文学大师鲁迅笔下的祥林嫂，心爱的儿子被狼叼走后，痛苦得心如刀剜，她逢人就诉说自己儿子的不幸。起初，人们对她还寄予同情。但她一而再、再而三地讲，周围的人们就开始厌烦，她自己也更加痛苦，以致麻木了。老是向别人反复讲述自己的痛苦，就会使自己久久不能忘记这些痛苦，更长久地受到痛苦的折磨。

当然，我们不是主张完全不去看它，采取逃避的态度。而是说，一方面，情感不要长久地停留在痛苦的事情上；另一方面，我们的理智应当多在挫折和坎坷上寻找突破口，力争克服它、解决它。

学会忘记可以使我们真正放下心中的烦恼和不平衡的情绪。让我们在失意之余，有机会喘一口气，恢复体力。

哲人康德是一位懂得忘怀之道的人，当有一天发现他最信赖又依靠的仆人兰佩，一直有计划地偷盗他的财物时，便把他辞退了。但康德又十分怀念他。于是，他在日记上写下悲伤的一行："记住！要忘掉兰佩！"

真正说来，一个人并不那么容易忘掉伤心的往事。不过，当它浮现时，我们必须懂得不陷于悲伤的情绪，必须提防自己再度陷入愤恨、恐惧和无助的哀愁里。这时，最好的方法就是扭转念头去专心工作，计划未来，或者去运动、旅行。有一首禅诗说：

春有百花秋有月，夏有凉风冬有雪。

若无闲事挂心头，便是人间好时节。

一个人如果学习了忘怀之道，不愉快便自然消失，代之而起的是朝气蓬勃的新生，成功将发出耀眼的光辉。有许多事情，遗忘是一种解脱，是心灵的净化，是伤口痊愈的良药。

一位风烛残年的老人在日记簿上记下了这段生命的醒悟：

“如果我可以从头活一次，我要尝试更多的错误。我不会总朝后看，而不看未来的路。我情愿多休息，随遇而安，处世糊涂一点，不对已经发生的事难过或者伤悲。其实人生那么短暂，实在不值得花时间不停缅怀过去。

“可以的话，我会朝未来的道路前行，去自己没去过的地方，多旅行，跋山涉水，危险的地方也不怕去一去。以前我经常因为已经发生的些许小事情而懊恼，比如因为丢了东西而深深责备自己，一遍一遍假设要是把东西事先交给 ×× 就好了，然后很长时间都在为丢失的东西心疼。此刻我是多么的后悔。过去的日子，我实在活得太小心，每一分每一秒都不容有失。稍微有了过失就埋怨和批评自己，还用同样的标准去对待别人，一遍一遍叨唠别人不对的地方。

“如果一切可以重新开始，我不会过分在意荣辱得失，我也不会花很长的时间来诅咒那些伤害过我的人们。诅咒或者伤悲都没有改变事实，还消磨了我生命中不多的时间。我会用心享受每一分、每一秒。如果可以重来，我只想美好的事情，用这个身体好好地感受世界的美丽与和谐。还有，我会去游乐园多玩几圈木马，多看几次日出，和公园里的小朋友玩耍。

“如果人生可以从头开始……但我知道，不可能了。”

人生没有很多如果，人的生命和时间总是有限的，当你看完老人的日记以后也许就能明白为什么很多老人总是会有一副安详的表情，不急不躁，不过喜也不大悲，因为他们懂得时间的宝贵，把珍贵的时间用来感伤过去，那是在浪费生命。忘记过去，生命应该有更好的价值可以实现。

沉下心来，才能除掉心中的杂草

一个人要想成功，就得把志向放在高处，把心放低——踏踏实实、严严谨谨通过具体的行动去实现自己的远大志向，而不是好高骛远、心浮气躁。

在我们浮躁时，仿佛一张紧绷着的弓，随时都有断裂的危险。太多的压力、太多的索取……会蒙蔽我们的双眼，使我们看不到自身的弱点。

心是漂浮着的，意念是完全虚空的，自己也就丢失了方向。如果你一如既往，“失落”很快就会缠上你，让你不得喘息。想一想，你有多久没有安静地观察过你身边的美景？多久没有和自己的朋友聚在一起喝茶谈心？又有多久没停下来回顾你先前走的路是对还是错，有什么经验教训？

人生很忙碌，但是也要学会沉稳。适时地停下你急促的脚步，关掉你的手机，听一曲舒缓的歌，看看窗外的绿草，感受一下清爽的风，生活就会变得更加美好！

能够在喧嚣的尘世中，沉下心来，是一种境界。不是要忘却些什么，而是一种凝练。静静地沉下心来品味生活，你会发现，其实自己真的有太多的迷失与茫然；你会发现，反省自己也是一种美好！这种美好会使你的人生丰富，比如：清晨草丛里的滴滴露珠，朝阳初升时的美丽，夜幕笼罩时的繁星点点……

而在此之前，这些都是你忽略不计的，不是吗？放弃你的紧张，留一点漫不经心给自己。或许在你沉下心的那一刻，已经找到烦闷已久的问题的答案。刘欣是刚毕业的大学生，开始时也和其他同学一样，每天忙忙碌碌转遍了各个招聘会，看到哪个企业招人就往哪儿投简历，可是投进去都是石沉大海。

终于刘欣觉得这样无目的地瞎忙是不会有结果的，她决定改变战术，主动出击。首先她到网络上下载了许多关于求职的资料，细心解读后，先换了新发型，然后又买了一套职业装，还买回了大包的口香糖；接着，再买信封，也是挑那种印刷精美、质地优良的，开始了新一轮的投送。

刘欣又像赶场似的去面试，然而结局还是跟没理发、没嚼口香糖之前一样。屡战屡败的刘欣，翻着手头所剩无几的面试通知书，心中好不凄凉。其中有一张通知是一家化妆品公司寄来的，无意间提醒了她，家里的洗涤用品该买了。

在商场里，刘欣看到了那家公司的产品，不知是来了灵感还是怎么回事，刘欣似乎突然明白该怎么做了。

她在商场泡了一整天，观察有多少顾客光顾化妆品柜台，有多少人买了这家公司的产品。她向售货员小姐询问有关化妆品的事情，得到了不少“情报”。

两天后的面试，刘欣说出不少对于化妆品市场的分析。

主持面试的那家公司的经理，是特地从香港赶来上海的，听完了刘欣的讲述，率直地说：“刘小姐，对不起！您刚才讲的有很多错……”

“哦！请您，请您再给我一次机会。”刘欣带着期望的眼神，看看面前的经理。

“刘小姐，听我把话说完，尽管你讲的很多情况是错的，但是你是所有应聘者中唯一肯花时间到商店去看我们产品的人。我看你是一个有心人，这样吧，你明天来上班吧！”

刘欣是幸运的，一时的灵感让她沉下心准备了一番，不再盲目，也因此苦尽甘来。

一切都这么艰难，艰难是因为自己以前跟心里长草一样，做什么都毛毛躁躁的；一切又是这么简单，简单是因为自己现在沉静下来，冷静地找到了如何获得成功的方法。一切是这么的偶然，一切又是这么的必然。

沉下心来，领略如诗的境界。沉下心来，任思绪飘飞，飞到天涯海角。而这时，好的灵感也会等着我们，成功的门也为我们敞开了。

第十二章
爱，就是谁先为谁低头

爱情经得起“软磨”，抗不住“硬泡”

两个人在相处的时候，会有很多矛盾和冲突，因此一定要彼此宽容，时刻为对方着想。只有这样，两个人的爱情才能真正洋溢出芬芳。

爱情的美好在于两情相悦。如果只是一方单相思，那么想打动对方的心，唯有拿出自己的真心，用心去感动，从细节处让对方感受到你的温暖和无微不至。你努力了，用心了，你的爱情也就得到滋润了。如果不管你做什么，对方的眼里和心里都没有办法容下你，那么我们也不能强求，不能用暴力或者卑鄙的手段妄图抓住对方。

刘梅是个人见人爱的女孩子，身边追求者云集，王亮一直很喜欢她，却没有勇气开口。这些天刘梅没有来上班，一打听才知道是突然生了重病，现在正在人民医院躺着。王亮一口气赶到人民医院，刘梅的病床边堆满了鲜花和水果，看来已经有不少人来探望她了。王亮丝毫没有考虑到这些，只是焦急地问大夫：“刘梅什么时候才能痊愈？”刘梅做了手术后，王亮向单位请了假，在刘梅的病床前陪了她七天七夜。刘梅醒来后看到王亮蓬乱的头发和深凹的双眼，感动得说不出话来，王亮只是憨憨地问了句：“你醒了？”

只身一人在陌生的城市打拼的刘梅，被王亮深深地打动了，康复后，自然成了王亮的女朋友。

危难中感受到的真情，要比平时的感触更深。趁这个时候大胆展现自己的爱，对方更容易被感动。

经营爱情，不仅需要我们在对方危难之时伸出双手，更要在细微之处让对方感受到温暖。其实通常情况下，人们并不渴望轰轰烈烈的爱情，只是希望自己在日常生活中得到最贴心的照顾。

爱情里的两个人，对于彼此的物质需求并不是太多，不是非要用昂贵的礼物和大量的金钱来维护的，所以施展爱情攻略，就一定要表现得温柔大度，让对方感觉到你的体贴。

小王是个普普通通的女孩子，她的老公——一个英俊富有、早早步入成功者一族的男人刘冰总是说，他这辈子最离不开的人就是小王。

刘冰在电脑前熬夜工作时，一杯温好的牛奶总是搁在他的左手边，而温度总是不冷不热正合适，仿佛不会随时间而冷却。后来刘冰才发现，每隔一会儿，小王就会重新把牛奶温一遍。因为刘冰工作太专心，也因为小王动作太轻了，刘冰从来没有被推门而进的小王打扰。每天早上，小王都会在厨房忙活一番，再把做好的饭菜仔细地放进饭盒里，那些菜总是刘冰最爱吃的，而且会随着气温、季节不断变化。无怪乎刘冰说："五星级饭店的厨师做出的饭菜也没有老婆做得香。"

正是这些小事情，让刘冰一次次地感动，使得他对妻子的感情从未减弱。连那些最易被遗忘的细微之处都被照顾得周到之至，对方定能感受到你的真诚与对他（她）的重视程度。

爱人之间，就是要让对方感受到你对他的在乎，而不是伤害彼此。在生活中，我们常常会看到一些夫妻为了能够让自己更加舒服一些，就不停要求对方让步，如果对方没有达到自己的要求，就会恶语相向，甚至拳打脚踢。

所以，两个人在相处的时候，会有很多矛盾和冲突，因此一定要彼此宽容，时刻为对方着想。只有这样，两个人的爱情才能真正洋溢出芬芳。

不“哄”不丈夫

很多男人有点大男子主义，不管谁对谁错，都不肯向女朋友（妻子）道歉，其实女人是需要哄的，只要你低下头，她就会破涕为笑。

“哄”字常和“骗”字连在一起用，成了一个贬义词。其实，家庭生活中就离不开这个“哄”字。比如，孩子被“哄”睡着了。

并非只有孩子才需要“哄”，大人也一样，特别是女人，有时比小孩子更需要“哄”。因此，做丈夫的应该学会“哄”妻子，并且要“哄”得得体而有技巧。

妻子哭着对丈夫说：“又要出差，好，我不拦你。你把你的宝贝儿子抱着一起出差去！你倒轻松，屁股拍拍，走了！把家里的事扔给了我！我受够了！你一年到头不在家，家里什么也不管，让我母兼父职，既当娘来又当爹。我这是有男人还是没有男人？别人为什么不必这样？就你一个人受器重？我命好苦，我命好苦啊！”

丈夫说：“乖，求求你，别哭了，我的好太太。你的苦，我都知道。我常对人说，我有个好妻子，别人没得比，谁的妻子有你那么贤惠，那么漂亮，那么温柔，那么洁身自爱！”

妻子：“喂！别给我灌迷汤，想把我灌糊涂了，你好走人？”

丈夫："我发誓！我要是骗你，罚我四条腿在地上爬，就这样爬，这样爬……"

妻子终于破涕为笑地说："好王八！"

丈夫："我这回出差，给你带一条长裙，保证让所有的女人看了都眼红，既羡慕又嫉妒！"

妻子："要粉红色带金线的。"

丈夫："没问题。"

妻子："冰箱里那几个苹果带着路上吃。少喝酒，少抽烟！"

本来开始妻子还不同意丈夫出差呢，结果一会儿就开始叮咛嘱咐丈夫出差时要注意什么。这就是最高级的"哄"。

夫妻相处，就是需要把"哄"当润滑剂。一"哄"值千金，也许只有那些尝到了甜头的丈夫，才会真正明白其中的奥秘。

一位年轻编辑负责几本畅销书的策划、编撰，已在全国小有名气。事业如日中天，但是冷落了孩子和爱妻。

一天很晚了，他才回家。妻子自然不高兴，话也就越说越气："你到现在才回来，你以为这是旅馆啊？再说了，旅馆还有个'旅客须知'，制度也挺严的。你倒好，甩手一身轻，把做饭、带孩子都推给我！别忘了，我要的是丈夫！要当主编你就别再进这个家门！"

编辑没生气，扑上去抱住妻子，温和地说："别生气，亲爱的。我拼命干，还不是为了你和孩子？我知道你很爱我、关心我，也想让我时时跟在你身边，陪你去公园、跳舞、看电影，我又何尝不想呢？我实在是太忙了。好了，好了，你的火也发了，该消消气儿了。星期天，我就陪你和孩子去划船、坐碰碰车，请你们吃自助餐！好不好？对了，今天晚上，我还要好好爱爱你，你说行吗……"

这时，妻子转怒为笑。她故意推丈夫的手，娇嗔地说："你呀！真拿你没办法！"

的确，"哄"是夫妻恩爱的秘诀。"哄"是感情的润滑剂，既能防锈，又能减少摩擦，降低噪声，减少耗损。学一学"哄"的艺术，它会让你的家庭生活更愉快，夫妻关系更融洽。

谎言也温柔

善意的谎言，就好像是海上漂浮的小岛，虽然还不能给人看到大陆的希望，但是可以缓解终日漂泊的疲惫，让人们焦躁的心得到停歇。

一位心理医生给几位男青年做了一个有趣的试验：如果妻子过生日，你突然有事，不能按时回家，事后你们怎样向妻子解释才能获得最佳效果？

大部分小伙子说，向妻子说明真相，使她相信自己被一件重要的事情耽误了，以求得她的理解和谅解。

只有一个人说："我绝不能向妻子讲真情，我无论怎样解释，那欢乐的气氛和心情的丧失是无法弥补的。我会告诉妻子：下班前我收到一个稿费汇单，于是我想把稿费取出，买一件妻子喜欢的礼物。可是不巧邮局那天特别忙，我一直排到邮局关门才取到了钱。这时商店也都关门了，礼物也没买成。那么我把稿费交给妻子，让她第二天自己去买。这样，妻子一定会很高兴，她会说我的心意就是最好的礼物。其实那笔钱不是什么稿费，而是从我的'小金库'中调出的。"

虽然是谎言，但是相比较之下，这个人更能让妻子获得开心和快乐。生活中，我们总是提倡诚实，尤其是恋人之间，如果不能忠诚，那么最终只能酿成悲剧的结局。可是，有一些谎言却是善意的，是可以让对方感觉到温暖和爱的。所以，相爱的两个人当中，不妨说一些善意的谎言，让对方感受到你的爱和忠实。

第二次世界大战中，一个日本男孩被迫从军，与他的未婚妻分离。

平时，他们每次约会总是在某棵大树下见面。男孩因为工作关系，每次总是迟到。每次他迟到的第一句话都是腼腆地说："对不起，让你久等了。"那女孩总是笑着对他说："还好，我也没有等很久。"

起初，那男孩以为是真的，后来有一次他准时到，却故意在一旁等了 1 个小时才过去，没想到，那女孩儿一样露出微笑说着同样的话。

他终于明白，不管他迟到多久，她总是为了不让他尴尬而体贴地骗他。他在被派去从军前，为了怕一去不知几年，或回来人事已非，便与她约好，回来彼此如果找不到对方，就记得到这棵大树下等。

弹指间，20 年过去了，他没有回来，因为他流落到了韩国。曾被炸药击中的他，因昏迷而失去记忆，直到 10 来年过去了，他才慢慢恢复。然而，他已经在韩国娶妻，他安慰自己，未婚妻应该以为他已经死了。

又过了几年，他的韩国妻子病逝。于是，他带着一颗忐忑的心回到日本。

他一下飞机就直奔那棵旧时的大树。出租车越行越近，他的心也越来越茫然。映入眼帘的都是繁华喧嚣的商店，哪里来的大树呢？

他站在原地发了一阵子呆。

准备离去时，他忽然看到不远处有个摊贩，于是想，买包烟抽抽也好。他走上前，向那位摊贩说他要一包烟。那蹲在地上的摊贩缓缓地抬起头，两人目光交会的一刹那，他看清楚那个摆摊的人竟是他昔日的未婚妻。

他顿时泪流满面，她一定是为了怕他回来找不到她，又不知他会什么时候回来，于是决定在这个地方摆摊子等他。

他说不出一句话。

许久，他轻轻对她说了句："对不起，让你久等了。"

她照样还是给他一个微笑："还好，我也没有等很久。"

"还好，我也没有等很久。"一句简单的话语，一个善意的谎言，却包含了无法用言语说清的体贴和温柔。尽管时间已经过去了太久，尽管等待已经消逝了青春，但是为了不让恋人自责，她甘愿就用这一句淡化20年的过往。

被爱的人是幸福的，尽管他知道这是一句谎言，可是他仍然会为之动容。可是，在生活中，有很多人并不懂得"谎言"的尺度，或者说谎并不是为了对方，而完全是处于一己之利，这是不可取的。这样做只会伤害到对方，让对方上当受骗，从而对你失去信任。

所以，谎言虽然能够充当爱情的添加剂，但是前提必须是从对方的立场出发的。

爱情需要欣赏，而非雕塑

婚姻需要的是一种艺术的眼光，要懂得欣赏对方，而不是想着怎样去改造。

西方典籍中上苍对男人和女人说："你们要共进早餐，但不要在同一碗中分享；你们要共享欢乐，但不要在同一杯中啜饮。像一把琴上的两根弦，你们是分开的也是分不开的；像一座神殿的两根柱子，你们是独立的也是不能独立的。"

这段话形象地说明了婚姻关系中的两个人的韧性关系，拉得开，但又扯不断。谁也不能过度地束缚对方，也不能彼此互不关心。相爱，但是都在适度的范围之内，这才是和谐的婚姻。可是很多人似乎并不能体会到婚姻的真谛，在他们眼里，对方身上有很多缺点，他们常常试图通过各种途径让对方改掉坏习惯。可是习惯的形成是日积月累的作用，在自己身上已经存在了几十或者十几年，当然不会轻易改掉。于是夫妻之间的矛盾就产生了。

夫妻之间产生争执的主要原因，是他们把婚姻当成一把雕刻刀，时时刻刻都想用这把刀按照自己的要求去雕塑对方。为了达到这个理想，希望甚至迫使对方摒除以往的习惯和言行，以符合自己心中的理想形象。但是有谁愿意被雕塑成一个失去自我的人呢？于是"个性不合""志向不同"就成了雕刻刀下的"成品"，离婚就成了唯一的一条路。

每个人本身都是"艺术品"而不是"半成品"，人人都希望被欣赏而不愿意被雕塑。所以不要把婚姻当成一把雕刻刀，尽想把对方雕塑成什么模样。婚姻需要的是一种艺术的眼光，要懂得从什么角度欣赏对方，而不是去束缚对方，彼此之间的空间太小了，谁都会感到不安。

在生活中，我们常常会注意到，在深夜观看足球比赛的丈夫们，身边会陪着对足球并不是十分感兴趣的妻子；虽然不喜欢厨房的油烟，可是妻子还是每天都准备好了可口的饭菜，等着丈夫和孩子一起分享……

婚姻，不是一个人的付出，只有两个人同心协力，才能维护好一个温暖的家。可并不是所有的人都能注意到对方的付出，甚至有的人会把对方的付出看作理所当然。如果对方稍微有什么地方做得不好，就加以指责，这样的做法无疑会伤害了对方的心，会让他/她觉得一切的努力都付之东流了。

爱一个人，就应该让他/她感觉到幸福，而不是要给他/她原本疲惫的心灵增加新的创伤。所以，在夫妻生活中，一定要相互扶持，相互欣赏，相互鼓励。虽然因为个性的不同，两个人没有办法完全融为一体，但是一定要让对方感受到你的存在，让他/她体会到你对他/她的欣赏和爱护。在他/她犯错的时候，给予善意的提醒，而非指责，有时候一个善意的眼神也会让对方觉得很温暖；在他/她犯傻的时候，给予适当的爱抚，告诉他/她“你真可爱”，一句看似不经意的话语，却可以激起爱的涟漪，让对方感受到你的体贴。

每个人都会有缺点，但是相爱的人，能在对方的缺点中找寻到对方的闪光点，能在对方的不足中寻找到内心的满足。欣赏的眼光，总是能让爱情变得更甜，让婚姻变得更美。

要“示弱”不要“示威”

示弱是一种境界，也是让爱情保鲜的好方法。不论是男人还是女人，在爱情面前都不要过分争强好胜。

在婚姻生活中，夫妻双方很容易出现争吵，它将会减少共同解决问题的可能，阻碍亲密关系的恢复和发展。年轻夫妻往往任性、好胜、以自我为中心。小两口闹意见、生闷气、谁也不理谁的情况很普遍。他们当中，又多是性格内向的一方首先进入无言的状态。当夫妻间的争吵转为“斗闷气”后，情况并不比相互争吵时的情况好。“冷战”时，双方都想向对方示威，你不理我，我就不理你，闹到无止无休。

冷战斗气中的夫妻，如果一个是“室内型”的人，一个是“室外型”的人，情况还好些，一个在外面游荡，一个在家中干自己的事；如果两人都是“室外型”性格，那这个小家庭就有了三分动荡与七分的危险；如果两人都属“室内型”，那么日子过得无疑是十分别扭。就大多数夫妻而言，双方是谁也不愿在冷战中打持久战的，关键的问题是双方谁先示弱打破冷战的僵局。

示弱是一种境界，也是让爱情保鲜的好方法。不论是男人还是女人，在爱情面前都不要过分争强好胜，而应该慢慢修炼自己，让自己达到可以随时“示弱”的最高境界，实现夫妻“邦交”正常化。下面这几招示弱的小技巧对你应该能起到帮助作用。

1. 留有余地

当感情中的“冰点”降临时，被动的一方可“好话一句待回音”。小两口吵架是常有的事，如果在争执当中，任何一方失去理智，说出“快滚吧，永远不要回来”之类的伤人话，甚至动不动就以“离婚”相威胁，那么夫妻之间的感情将受到极大的伤害。如果当丈夫的觉得妻子要回娘家已成定局时，还可采取补救之计，如追妻至大门外：“你走了我怎么生活！”“等一等。我去给你叫辆出租车！”“就当今天是星期天吧，明天就回来！”如此，等等，话说到点子上，常能打动对方的心，即使她还是走了，但感觉总是不一样的，为她的回归留下了余地。

2. 电话沟通

夫妻生活在一起，家务事总是有的。上班时，你可打一个电话给对方，以有事相商来引发对话，如：“下班后我买菜，今天我外出办事，回去得早，怕你买重了东西。”“今天下班我回父母家看看，你有什么事吗？”“早上忘了说，今天晚上我的老同学要到家串门，晚饭做些什么好啊？”此种方法应选择对方乐意接受的内容来讲，且又给对方发表意见的机会。电话交流，总比当面更从容些。

3. 来个意外惊喜

每天下班回来夫妻相见时，是个突破的好机会。你可制造一些“新闻”来激发兴奋或热情，显得你被一些“大事或好事”影响得已经忘了结下的矛盾。如一进门就说：“太棒了，今天又发了2000元奖金！”“老公，我大哥从海外来信了，不久就要回国！”“今天上映的片子是超前独家放映的！”听到以上报喜的话，相信对方总是有所反应的。一次打不动对方，第二天再换个话题，一旦启开了配偶的“尊口”，冷战也就有了重大的转折。

4. 创造一个公众场合

冷战中的夫妻，想改变窘态的一方要创造一个多人在场的社交场合。如请自己或配偶的朋友来家做客，这时碍于脸面，夫妻间的冷战矛盾总要有所掩饰，想主动和好的一方便可趁机与配偶套上近乎，搭上话，有意无意中引对方走出沉默的误区。再如，买两张电影票，谎称是别人送的，约配偶去看场电影，在谈论其他事情中恢复夫妻“邦交”正常化。

5. 示弱求助

早晨起床时，已经几天没与妻子说上一句话的丈夫问妻子：“我的那件红衬衣放到哪里了？”早已想和丈夫恢复正常的妻子见有了台阶，忙着应声：“你这人呀，总像客人似的，衣服放在哪里都不清楚，我去给你拿来。噢，对了，前天还给你买了件新的，只是忘了告诉你。”“是吗，快拿来看，还是老婆心里有我，斗气也没忘了冷暖。”这一去一来话就多了。

在化解沉默中，女方“示弱”也是一招。如早晨或晚上表现出不舒服、不想动、吃几片药，都能引出丈夫的话题。因为男人在关心妻子时开口，这绝不是屈从的表现，不会有损于大丈夫的形象。

聪明的夫妇会想方设法令紧张局面缓和下来，以免火上浇油而失控。诚如一般人所说：“退一步，海阔天空。”夫妻间的情感差别是很大的，各人的性格爱好千差万别，要学会相处，学会让步，学会宽容，学会正视现实，这样，夫妻就可以共同创造出幸福的婚姻。

下得了厨房，才出得厅堂

新时代的女性，不要总以为只要“出得了厅堂”就是丈夫光鲜的妻子，相比较而言，他们更需要“入得了厨房”的贤内助。

很多女性不肯下厨房，一心要当一个“十指不沾阳春水的公主”。在她们眼里，厨房都是凡夫俗子、村姑妇女去的地方，只要沾染了厨房的油烟气，那么一个高贵的人就立即成了俗人。

晓云开始的时候就是这样想的。晓云的家里并不算特别富有，不过父母都是高级知识分子，生活也算优越，从小对晓云疼爱有加。她连厨房门都不曾迈进过，也不用做家务，通常都是请钟点工之类的家政人员来收拾屋子。在她看来，自己本来就应该是一个高贵的人，以后的日子当然是一天比一天好，自己的一辈子都应该是这样轻松悠闲。

她的一些姐妹也都是富家女，扎在一起就常常讨论以后要找个什么样的白马王子，像韩剧里的尹智侯和港台剧里的尚源伊，一个比一个帅气又一个比一个深情，最重要的是一个比一个家世显赫。姐妹们常说：嫁给这些人多好，被人宠爱又不用为了柴米油盐发愁。晓云听了心里暗暗称是。她知道找家世显赫的人很难，但是找一个爱自己又不会让自己下厨做饭的男人应该比较简单。如果他真的爱自己，就一定会接受自己不会做饭。

到了谈婚论嫁的年龄，晓云经过父母的撮合认识了家境相近的磊，磊的家庭也很富有，而且磊自己也很有能力，年纪轻轻就已经成了公司部门的经理。最主要的是磊跟晓云求婚时表白的话：我会用一辈子的时间呵护你，爱你，让你成为一个幸福的高贵的女人。晓云一下被打动了，她心想：我要找的不就是这样的人吗？何况他还那么优秀。我真是太幸福了！

可是现实总是与理想有一定的差距，结婚不久，晓云就大呼自己被骗了，而磊也生气地说自己真是瞎眼了。他们开始不断吵架甚至提出了离婚。

双方父母赶紧赶过来“救火”，想看看到底是什么原因让这对本来应该甜蜜相守的爱人吵得不可开交。原来很简单：磊正处于事业上升期，每天要在公司加班，等部门的员工都走了以后还要总结一天的情况，可是当他疲惫了一天，想回家看晓云给他做了什么好吃的犒劳他时，却发现厨房冷清、干净，所有锅都是干干净净摆在那。冰箱里也空空的，除了零食并没有什么他爱吃的。第一次他忍了，叫晓云下班早的话就去买点好吃的菜或者熟食之类的回家。可是连续几天，他发现不管是下班早还是稍微晚了，晓云都是不操心家务，从不买菜买米的，只会买点零食或者去外面吃。他还是忍了，也到外面去吃了几天。可时间长了，磊也受不了了，他开始觉得自己娶来一个地主婆一样的女人，只知道享受。而晓云也恼了，她觉得磊本来就有义务让她幸福高贵，要是磊没有做到，那也是他的事情，为什么要怪我呢？

两人因为这个结解不开，吵闹到不可收拾。甚至到了离婚的边缘。双方父母听完以后都没有吭声，尤其是晓云的父母，脸色铁青。晓云本来还想在父母面前哭诉一下，一看父母脸色不对，话也不敢说了。而这边晓云的父亲已经站起来给对方父母道歉了：“亲家，真是对不起，是我教育孩子的方式出现了问题。我希望现在我还能来得及教育她。”

说完，晓云的父亲又望着晓云问她：“你觉得你妈妈幸福吗？高贵吗？”晓云想了想以前一家三口恩爱的样子，回答道，“当然幸福，妈妈每天脸上都挂着笑容，你和妈妈又那么恩爱。妈妈是一个受人尊敬的教师，学生常常来家里看她，她也是最高贵的人。”父亲又问她，“你妈妈进过厨房吗？你的衣服、爸爸的衣服都是谁放到洗衣机里的？你爱吃的菜都是谁给你做的？”晓云低下头不说话了，她的父亲又说道，“难道我不爱你的妈妈？难道我没有呵护她？”晓云红着脸打断了父亲的话：“嗯，我知道错了。”

父亲语重心长地说：“孩子，爱都是相互的，没有谁该为谁做什么，等着别人为自己服务并不是幸福，幸福是能让自己爱的人高兴。同样，高贵也不是自己什么都不干，高贵是付出过后，人家给你的尊重。”

晓云没有说话，默默站起来，走向了厨房，而磊也深情地拥住了晓云的肩膀……

在婚姻生活里，很多女人都会觉得自己委屈，认为是自己付出得太多，对方都是在享受。其实，爱情是相互的，我们在付出的同时，也会因为对方的享受而感受到满足和快乐。

新时代的女人，往往会产生这样的误解，觉得只有出得了厅堂的妻子才会让丈夫觉得光彩，才会让自己在人群里抬得起头来，因此她们抗拒入厨房，宁可做事业女性在外苦苦奔波，也不愿意躲在男人的背后做个持家女人。这样的观点无疑是错误的。生活不同于工作，不是你把外面的事情做好了，家里就会温馨了。

家，是两个人一起用心经营的。家庭生活总是充满了琐碎之事，柴米油盐是我们生活的必需品，如果你也不关心，他也不关心，那么家也就无温暖可言了。所以，新时代的女性，不要总以为只要“出得了厅堂”就是丈夫光鲜的妻子，相比较而言，他们更需要“入得了厨房”的贤内助。

找个台阶，牵着手一起下楼

爱情有时候很简单，它不需要什么甜言蜜语、海誓山盟，只需要在争执的时候给对方一个台阶下，就会让爱情甜美如新。

夫妻之间有时候只需要一个台阶，无论是他下来，还是你上去，只要两个人的心在同一个高度和谐地振动，那就是幸福。

有这样一对夫妻，结婚后生活一直甜蜜，别人都是三天一大吵，每天一小吵，却很少听到他们有争吵的时候。相反，他们结婚很多年了，还是经常在周末的时候手拉手去买菜，小区的老人还经常看到两个人互相喂橘子之类的水果，简直是羡煞旁人。楼里的邻居就问他们有什么让婚姻爱情保鲜的秘诀。妻子就讲起了他们的爱情经。

妻子说当时拍结婚照时，因为个头差别问题，摄影师特地把他们带到有台阶的背景前，对丈夫说，你往下站一个台阶。他下了一个台阶，她从后面环住他的腰，头靠在他的肩上。摄影师说，我拍出来的照片保证让你们满意，虽然男方下了台阶，但是别人是不会看出来的，照片上的你们都是完美般配的。

摄影师的话是最好的婚姻经，后来他们就常记得互相找台阶下，反正不管自己道歉还是低头认错，也都是给自己最爱的人，别人不会看见，看见了也没什么丢人的。

妻子又说，其实他们也发生过争吵，结婚后的日子就像涨潮的海水，各自繁忙的工作、没完没了的家务、孩子的奶瓶尿布、数不尽的琐事，一浪接着一浪汹涌而来，让人措手不及，便有了矛盾和争吵，有了哭闹和纠缠。

有一次吵架，她任性地摔门而去，走到外面才发现无处可去，只好又折回来，躲在楼梯口，听着他慌慌张张地跑下来，听声音就能判断出，他一次跳了两个台阶。最后一级台阶，他踩空了，整个人撞在栏杆上，“哎哟哎哟”地叫。她看着他的狼狈样，终于没忍住，捂嘴笑着从楼梯口跑出来。她伸手去拉他，却被他用力一拽，跌进他的怀里。他捏捏她的鼻子说，以后再吵架，记住也不要走远，就躲在楼梯口，等我来找你。邻居们听到这里，都唏嘘不已，觉得这个男人实在太好了，这么体贴温柔。

妻子说，还有一次吵架，印象也很深刻。当时为买一件东西，一个坚持要买，一个坚持不买，争着争着她就恼了，甩手就走，走了几步后躲进一家超市，从橱窗里观察他的动静。她以为他会追过来，他却没有。他在原地待了几分钟后，就若无其事地走了。她又气又恨，怀着一腔怒火回家，推开门，他双腿翘在茶几上看电视，看见她回来，若无其事地招呼她：回来了，等你一起吃饭呢。他揽着她的腰去厨房，挨个揭开盘子上的盖，一桌子的菜都是她喜欢吃的。她一边啃红烧鸡翅，一边愤怒地质问他：为什么不追我就自己回来了？他说，你没有带家里的钥匙，我怕万一你先回来了进不了门，又怕你回来饿，就先做了饭……我这可都下了两个台阶了，你还不原谅我啊？

邻居听完又是一阵感动，有人问这位妻子，平常他都是这么让着你吗？妻子说，也不全是啊，我也会上台阶。

有一次吵架把他惹急了，他离开了。他说吵来吵去，他累了，收拾了东西，自己搬到单位的宿舍里去住。留下她一个人，面对着冰冷而狼藉的家，心凉如水。想到以前每次吵架都是他百般劝慰，主动下台阶跟她求和，现在，他终于厌倦了，爱情走到了尽头，他再也不肯努力去找台阶了。

那天晚上，她辗转难眠，无聊中打开相册，第一页就是他们的结婚照。

她的头亲密地靠在他的肩上，两张笑脸像花一样绽放着。从照片上看不出她比他矮那么多，可是她知道，他们之间还隔着一个台阶。她拿着那张照片，忽然想到，每次吵架都是他主动下台阶，而她却从未主动去上一个台阶。为什么呢？难道有他的包容，就可以放纵自己的任性吗？婚姻是两个人的，总是他一个人在下台阶，距离当然越来越远，心也会越来越远。其实，她上一个台阶，就可以和他一样高。

她终于拨了他的电话，只响了一声，他便接了。原来，他一直都在等她去上这个台阶。

爱情有时候就是这么简单，并不需要什么甜言蜜语、海誓山盟，只需要在争执的时候给对方一个台阶下，就会让爱情甜美如新。

低头的温柔，比连珠炮的轰击更有效

也许你在对方面前表现得很强势，说的话也句句在理，可是对方在保持沉默的同时，心里一定会产生逆反的心里，甚至以后不管发生了什么事情，都不跟你说。

挖苦和讽刺不会使婚姻变得幸福，相反，只会使婚姻走向破裂。不过下面这位夫人却为我们上了一堂生动的婚姻课。

法国著名微生物学家路·巴斯德，在27岁时写信给洛郎先生，向他的女儿玛丽小姐求婚。巴斯德在信里坦率地说：他家境贫寒，没有多少财富，算是一个穷汉。同时，他还给玛丽小姐写了一封求爱信，也说明自己很穷，并说："小姐，我要请求您，不要判断得太快。判断得太快是会犯错误的……"三个月后，巴斯德如愿以偿，和玛丽小姐结婚了。

结婚后，巴斯德夜以继日地工作，他的工作条件很差，没有助手，连一个洗瓶子的人都没有。巴斯德夫人当他的助手。每晚，她坐在直背椅上，身靠小桌，为他记录科学论文。

巴斯德夫人的付出，使巴斯德深深感动，当他问及夫人，同他结婚是不是苦了她，她是不是后悔时，他夫人回答说："结婚前你已经告诉我这一切，我现在更了解了你的一切。"

了解，使巴斯德夫人理解了她丈夫的一切行动。渐渐地，她学会了摘记巴斯德记事簿里的潦草的速记，并整理成文。很快，她逐渐融入他的工作里去了。

巴斯德结婚后，没有给妻子带来更多的体贴、恩爱和富足，但是，他的夫人毫无怨言，感到生活是幸福的。这让巴斯德无比感激，也无比珍爱。

爱情需要温柔而非责难，柔能克刚这是亘古不变的道理。可是在现实生活中，很多人都擅长责备，擅长给别人施压，而不乐于去用心理解，用心去温暖彼此。

也许我们在对方面前表现得很强势，说的话也句句在理，可是对方在保持沉默的同时，一定会产生逆反的心理，甚至以后不管发生了什么事情，都会刻意地回避我们，不跟我们说。时间久了，夫妻之间就会产生隔阂，甚至形成了裂痕。

婚姻生活里，两个人是平等的，如果一方总是习惯于指责，那么对方一定会觉得我们贪图得太多。对于爱情，如果有一方感觉到了厌倦，那么另一方会对生活感觉到疲倦，从而有可能放弃掉了彼此之间的爱情。

只有温柔才能温润爱情，强硬的攻击只会让相爱的人彼此误会，彼此伤害。所以，两个人要想幸福地走在一起，就应该给对方对一些理解和鼓励，而非连珠炮似的责难。

第十三章
方法总比问题多

抱怨的人往往是没找对方法

我们常常听到这样的抱怨：

“这份工作太难了，根本就做不好。”

“这么难，让我无从下手，可怎么做啊？”

他们认为找不到方法来解决问题，自然工作是做不好的。这些只能说是推托之词，只有主动去找方法才会有办法。

我们说：没有解决不了的问题，只有找不到方法的人。只要拥有方法这把宝剑，工作中再大的障碍也会被夷为平地。

第25届世乒赛时，有一个戏剧性情节：中国选手容国团战胜自己的同胞队友杨瑞华。杨瑞华则大胜匈牙利老将西多，不是偶然获胜，而是每战必胜，被称为西多的克星。西多则每每战胜容国团，不是偶胜，而是常胜，两天前的团体赛就赢得很爽快，被称为容国团夺冠的拦路虎。最后的冠亚军决赛由容国团对阵西多。第一局，容国团很快就告负了。赛场预测，男单冠军必属西多无疑。可是，最后的结果却相反，容国团为我国体育代表队夺得了第一个世界冠军。这是为什么？中国队采取了什么战术？

在第一局结束后，教练傅其芳退后，队员杨瑞华临时充当教练，指导容国团。杨瑞华时而示范动作，时而侧目西多，眼中充满火药味。西多见杨瑞华为容国团面授机宜，浑身觉得不自在，心里直发怵。他双眼直盯杨瑞华，自己的教练说了什么都未能听进去，一副忧心忡忡的样子。第二局开始，荣国团士气大振，越战越勇，西多却步伐紊乱，连连失误。最后，容国团以3∶1夺冠。

教练导演了一个戏剧性变化，赢得了中国体育历史上值得大书特书的一块金牌。让我们看看这一方法的根蒂。

一是场上条件不足场外补。根据历史表现与现实表现，教练断定，容国团战胜西多的概率很小，换句话说，仅靠容国团个人在场上的力量很难制伏对方。场上条件不足，但我们有场外条件优势，让它发挥出来，不无小补，这是一个极为出格的决策。

二是技术条件不足心理补。很明显，在技术条件上，容国团根本不占优势，甚至说是遇上了拦路虎。场外条件虽好，但鞭长莫及，替代不了，那就提供心理力量：教练的创新打击了西多的求胜心理。对阵的还是容国团、西多两人，两人的技术也不可能在瞬间发生很大的变化，客观条件很难改变。着力点就在主观上——让西多的克星杨瑞华站到教练席上，对西多实施精神压迫。让杨瑞华面授机宜，尽管客观上不一定发挥多大作用，这让西多听不懂，猜不透，以为自己的弱点被对方抓住了，心中没了底气。同时，安排杨瑞华“侧目怒视”，充满火药味，进一步给西多施加压力。

通过教练的计谋，增添了容国团的自信心。而有杨瑞华点破西多的破绽，自己对西多的畏惧也消除了，在杨瑞华的点拨下，他对自己的攻击力也有自信了，斗志自然更加旺盛了。

我们常常看到这样的情况：面对同一种工作，有的人认为无从下手，而有的人却可以做得很好，其中的关键差别就在于能不能转换自己的思路，并积极地寻找解决问题的方法。

相信大家都读过“把梳子卖给和尚”的故事。乍一看，这是一个难以完成的任务，却有人可以做出很不错的业绩。原因就在于，他突破了传统思维的限制，梳子除了用来梳头发还可以做什么呢？可以做纪念品。如果在其上刻上“积善梳”三字，其意义又非同寻常了，根据不同的香客身份赠送不同品种的梳子，市场也就更为广阔了。

这就是方法的力量。有了找方法的人，原来看似难以解决的困难都可以迎刃而解，看似难以完成的工作都可以顺利完成。

实干的人，还要会巧干

作为华人首富，李嘉诚的名字家喻户晓，他之所以能成为首富，也并非偶然：从打工的时候起，他就是一个找方法解决问题的高手。

李嘉诚的父亲是一名老师，他非常希望李嘉诚能够考个好大学。然而，父亲的突然去世使得这个梦想破灭了：家庭的重担全部落到了才十多岁的李嘉诚身上，他不得不靠打工来维持整个家庭的生存。

他先是在茶楼做跑堂的伙计，后来应聘到一家企业当推销员。干推销员首先要能跑路，这一点难不倒他，以前在茶楼成天跑前跑后，早就练就了一副好脚板；可最重要的，还是怎样千方百计把产品推销出去。

在做推销员的整个过程中，李嘉诚都很重视分析和总结。在干了一段时间的推销员之后，公司的老板发现：李嘉诚跑的地方不比别的推销员多，成交得却最多。

他是如何做到这一点的呢?

原来，他将香港分成几片，对各片的人员结构进行分析，了解哪一片的潜在客户最多，有的放矢地去跑，这样一来，他获得的收益自然比别人多。

不错，当别人都认为工作只需要按部就班做下去的时候，偏偏有一些优秀的人会找到更有效的方法，将效率更快地提高，将问题解决得更好。正因为他们有这种找方法的意识和能力，才使他们以最快的速度得到了认可。

联想老帅柳传志的经典名言就是:“撒上一层新土，夯实，再撒上一层新土。当确认脚下是坚实的黄土地之后，撒腿就跑。”柳传志还说:“没钱赚的事不能干；有钱赚但是投不起钱的事不能干；有钱赚也投得起钱但是没有可靠的人去做，这样的事也不能干。”

正是因为柳传志知道“革命”不能胡干蛮干，所以保证了联想在20世纪90年代初的房地产泡沫经济运行过程中没有跟风，并因此抓住了其他竞争对手实力下滑的时机一跃而出，从此一路领先。

张瑞敏曾说:“世界上长盛不衰的百年企业，不变的是其创新的精神。”为了使巧干在海尔形成一种气候，提高员工巧干的理念与能力，让每个员工多谋创新之策、多出创新之招、多做创新之事，海尔给每个员工都发了“合理化建议卡”。员工对管理、技术、工作等任何方面有好的建议，都可以提出来。而对于合理化的建议，海尔会立即采纳并实行，对提出者还有一定的物质和精神奖励。

20年间，家电市场竞争日趋激烈，海尔却始终保持了高速、稳定发展的势头，奥秘只有两个字：巧干！

“推磨子不如打碾子，干活儿不如想点子。”实干不是傻干、蛮干，巧干也不是乱干、胡干，否则要么事倍功半，要么一事无成。带着思想工作就得“狼狈为奸”——既要有狼的勇敢、团队精神，还得有狈的鬼点子、好主意。

正确的方法比执着的态度更重要

我们无一例外地被教导过，做事情要有恒心和毅力，比如“只要努力，再努力，就可以达到目的”等说法，我们早已十分熟悉了。你如果按照这样的准则做事，你常常会不断地遇到挫折和产生负疚感。由于“不惜代价，坚持到底”这一教条的原因，那些中途放弃的人，就常常被认为“半途而废”，令周围的人失望。

正是因为这个害人的教条，使我们即使有捷径也不去走，而去简就繁，并以此为美德，加以宣扬。

一个胖女孩最近在减肥，她一直认为发胖是因为吃的食物太多造成的，所以，从决定减肥时起便开始节食。她也果然有毅力，每天的主食绝不超过二两，其余皆用水果、蔬菜来填补。然而，两个月之后，她的脂肪就像舍不得离开她一样，牢牢地附在她的身上，可由于营养不良，她已变得十分虚弱，爬三层楼梯都会气喘吁吁。

尽管这样，她仍认为是自己坚持的时间太短，又过了一个月，情况还是那样。没有办法，家人把她送到了医院，征求医生的意见。医生告诉她，减肥是要讲科学、讲方法的，不能只靠节食，还要结合运动，并保持心情舒畅。

女孩听了医生的话，意识到了曾经的“坚持”都是无谓的。按照医生教的方法，她每天坚持锻炼，适当节食，并通过听音乐等方式愉悦心情。现在，她已经取得了很大的成效。

其实，不只减肥要讲方法，无论做什么事都要讲究正确的方法。在我们的工作和生活中，类似的例子屡见不鲜。销售经理经常对业务受挫的推销员说:“再多跑几家客户！”父母常对拼命读书的孩子说:“再努力一些！”但是这些建议都有一个漏洞。就像有人曾经问一位高尔夫球高手:“我是不是要多做练习？”高尔夫球高手却回答道:“不，如果你不先把挥杆要领掌握好，再多的练习也没用。”其实，正确的方法往往比执着的态度更重要。

为工作设定目标是一件很重要的事情，我们也常会设计一套工作方案，并执着地依照这套方案行事，而完全忘记了根据形势的变化要更换方案。其实，头脑稍稍地转动一下，选用正确的方法，就可以获得更好的结果。

肯·富奇辞掉了美国电话电报公司的业务员工作，改当顾问，有一段时间，大概因为刚刚进入新行业，他变得十分散漫，工作时状态经常不佳，出了很多错。他痛苦极了，决定养成一个能一直保持下去的习惯。这时有人建议他每天早上当他走下楼梯到楼下的办公室时，打扮得就像要去外面的公司上班一样吧。这样做显得专业，随时准备好突然有人会来邀请他与客户约会，以及让自己的心理处在工作状态中，后来肯·富奇发现，这的确是一个很好的工作方法。

态度执着者经常自己摸索方法。但既然成功可以复制，经验可以传承，又何苦去慢慢学炸鸡的技巧？加盟肯德基开家分店吧，操作手册上写得很清楚，你会很快就能够炸出美味的鸡肉，并且招聘来的员工即使没学过做快餐，按照炸鸡配方及流程照做一遍，也能有和你所见的肯德基炸鸡一样的味道。走遍每一家分店，都会吃到一样好吃的炸鸡，就是这个道理。

在工作中，我们不可能总是一帆风顺，当遇到难题的时候，绝对不应该一味下蛮力去干，要多动些脑筋，看看自己努力的方向是不是正确。

把问题扼杀在摇篮中

著名的人力资源培训专家吴甘霖先生在他的讲座中经常提到这样一个故事：

日本剑道大师冢原卜传有三个儿子，都向他学习剑道。一天，卜传想测试一下三个儿子对剑道掌握的程度，就在自己房门上放置了一个小枕头，只要有人进门时稍微碰动门帘，枕头就会正好落在头上。

他先叫大儿子进来。大儿子走近房门的时候，就已经发现枕头，于是将之取下，进门之后又放回原处。二儿子接着进来，他碰到了门帘，当他看到枕头落下时，便用手抓住，然后又轻轻放回原处。最后，三儿子急匆匆跑进来了。当他发现枕头向他直奔而来时，情急之下，竟然挥剑砍去，在枕头将要落地之时，将其斩为两截。

卜传对大儿子说道："你已经完全掌握了剑道。"并给了他一把剑。然后他对二儿子说道："你还要苦练才行。"最后，他把三儿子狠狠责骂了一通，认为他这样做是他们卜传家族的耻辱。

卜传以什么标准给三个孩子不同的评价呢？其中的一点，就是对问题的察觉能力。大儿子能够以最敏锐的思维觉察到问题，并且将问题消灭在萌芽状态；二儿子发现问题晚，但当问题发生时，能够妥善地处理；三儿子根本没有发现问题，当问题出现时，便采取极端的应急方式进行处理，结果把不应该砍掉的枕头砍掉——不但没有解决问题反而又创造了新的问题。所以，一个优秀的人，总能在第一时间察觉问题，并将其扼杀在摇篮之中。

对一个员工来说，如果发现公司有不合理的问题，要立刻扼杀在摇篮之中，切不可姑息。对产品同样不要因为是自己做的，有了毛病就讳而不宣，等到让消费者发觉时，受损害的就不只是你个人，很可能连整个公司的名誉、信用也受到拖累。

爱立信在中国“黯然神伤”的案例便是最佳的教材。

有着百年辉煌历史的爱立信与诺基亚、摩托罗拉并世称雄于世界移动通信业。在开始的几年里，爱立信在中国的市场销售额一日千里地下滑，最终不但退出了销售三甲，而且排在了新军三星、飞利浦之后。

不久，在中国手机市场上，大家去买手机时，都在说爱立信如何如何不好。当时，它有一款叫作“T28”的手机存在质量问题，这本来就是一种错误，但更大的错误是爱立信漠视这一错误。“我的爱立信手机坏了，送到爱立信的维修部门，问题很长时间都没有解决。最后，他们告诉我是主板坏了，要花 700 元换主板。而我在个体维修部那里，只花 25 元就解决了问题。”这位消费者确切地说出了爱立信存在的问题。那时，几乎所有媒体都注意到了“T28”的问题，似乎只有爱立信没有注意到。爱立信一再地为自己辩解，认为是一些别有用心的人在背后捣鬼。然而，市场不会去探究事情的真相，也不给爱立信以“申冤”的机会，就无情地疏远了它。

后来，《广州青年报》连续三次报道了爱立信手机在中国市场上的质量和服务问题，引发了消费者以及知名人士对爱立信的大规模批评，而且，爱立信的 768、788C 以及当时大做广告的

SH888，居然没有取得入网证就开始在中国大量销售。当时，轻易不表态的电信管理部门的声明，证实了此事。至此，爱立信手机存在的问题浮出水面。但爱立信一如既往地采取掩耳盗铃的方式来解决问题。据当时参加报道的一位记者透露，爱立信试图拿出几万元广告费来封媒体的嘴；爱立信广州办事处主任还心虚嘴硬地狡辩：我们的手机没有问题。既然选择拒不认错，爱立信自然不会去解决问题，更不会切实地去做服务工作。

“为山九仞，功亏一篑”“千里之堤，溃于蚁穴”。质量和服务中的缺陷，使爱立信输掉了它从未想放弃的中国市场。在工作中，我们不要忽视任何一个小问题的滋生，更不能姑息它们由小到大的过程。解决问题和困难最好的时机，莫过于在它们刚刚萌生之时。如果一个问题在它刚刚萌芽之时没有得到及时解决，那它就有可能像雪球一样越滚越大，最终一发不可收拾。

抓住问题的根源，在危机中找转机

在老板看来，一名称职员工最关键的素质是解决问题的能力，尤其是在紧要关头。正如一家知名的跨国集团总裁所说的那样：“通向最高管理层的最迅捷的途径，是主动承担别人都不愿意接手的工作，并在其中展示你出众的创造力和解决问题的能力。”

然而解决问题不能一味地靠决心和蛮力，最重要的还是要发现问题的关键。在危机之中找到转机。

在美国纽约，有一家碳化钙公司为了进一步谋求发展，斥巨资新建了一栋 52 层高的总部大楼。工程马上就竣工了，但如何面向社会宣传而又不引起人们的反感呢？公司的广告部人员绞尽了脑汁，仍然找不到一个满意的宣传方式。

就在这时，值班人员报告，在大楼的32层大厅中发现了大群的鸽子。这群鸽子似乎将这个大厅当成巢穴了，把整个大厅搞得脏乱不堪。可是，应该怎样处理这群鸽子呢？如果处理得不好，势必会引起环保组织的攻击。如果处理得巧妙，就可以使麻烦变成机遇。相关工作人员冥思苦想，终于得到了一个“一举两得”的好办法，那就是利用鸽子这一偶然事件大做文章，制造新闻。他们先派人关好窗子，不让鸽子飞走，并打电话通知了纽约动物保护委员会，请他们立即派人妥善处理好这些鸽子。

可想而知，历来以注重动物保护而自誉的美国人会怎么样。

动物保护委员会的人闻讯后立即赶来了，他们兴师动众的大举动马上惊动了纽约的新闻界，各大媒体竞相出动了大批记者前来采访。

三天之内，从捉住第一只鸽子直到最后一只鸽子落网，新闻、特写、电视录影等，连续不断地出现在报纸和荧屏上。这期间，出现了大量有关鸽子的新闻评论、现场采访、人物专访。而整个报道的背景就是这个即将竣工的总部大楼。此时，公司的首脑人物更是抓住这千金难买的机会频频出场亮相，乘机宣传自己和公司。一时间，“鸽子事件”成了酷爱动物的纽约人乃至全美国人关注的焦点。

随着鸽子被一只只放飞，这家碳化钙公司的摩天大楼以极快的速度闻名遐迩，而这家碳化钙公司却连一分钱的广告费都没花。

回过头，我们再想一想，如果这家碳化钙公司没有找到问题的根源，没有意识到鸽子的处理方式会关系到公司的利益，若处理不当，不但会损害公司的形象，更会丧失免费宣传公司的机会。

在工作中，没有人不希望能最快、最有效地解决问题，但有的人能做到，有的人却做不到，这其中的原因有很多，而是否懂得抓要点、抓根本是关键。

眉毛胡子一把抓，结果往往是事事着手、事事落空，即使事情能做成，也要付出很多的时间和精力。与此相反，有的人不管遇到多棘手的问题，都能够以最快的速度抓住问题的要点，并采取相应的手段，这样，再棘手的问题也能很快解决。

只要有智慧，劣势也能变优势

当你身处劣势时，可以选择两种处理方式。

一是一味抱怨。抱怨自己生不逢时，有才华却毫无用武之地；抱怨天公不作美，陷自己于困顿之中。

二是积极行动。面对劣势，积极思考，用灵活的思维、巧妙的办法解决问题。

与之相对应，两种表现也会产生两种截然不同的结果：一味抱怨的仍在抱怨，因为他仍旧身处劣势而没有丝毫变化；积极行动的则会开怀一笑，因为他已经用头脑与行动化解了困难，甚至会将劣势转化为优势。

有一次，英国一家足球生产厂接到了一份“莫名其妙”的控诉，因此而面临一场不大不小的危机。但他们的工作人员凭借着超常的智慧和方法将自己所处的“劣势”转变成了“优势”。

一天，在英国麦克斯亚洲的法庭上，一位中年妇女声泪俱下，面对法官，严词指责丈夫有了外遇，要求和丈夫离婚。她对法官控诉了自己的丈夫，指责他不论白天还是黑夜，都要去运动场与那“第三者”见面。法官问这位中年妇女：“你丈夫的‘第三者’是谁？”她大声地回答:"'第三者'就是臭名远扬、家喻户晓的足球。"

面对这种情况，法官啼笑皆非，不知如何是好，只得劝这位中年妇女说:"足球不是人，你要告也只能去控告生产足球的厂家。"不料，这位中年妇女果真向法院控告了一年可生产20万只足球的足球厂。

更让人意想不到的却是这家被控告的足球厂，他们在接到法院的传票后，不怒反喜，竟十分爽快地出庭，并主动提出愿意出10万英镑作为这位中年妇女的孤独赔偿费。这位太太喜出望外、破涕为笑，在法庭上大获全胜。

大家知道，英国是现代足球的发祥地，国人对足球的酷爱几乎达到了发狂的地步，这场因足球而引起的官司自然在全英国产生了巨大的轰动效应，各个新闻媒体纷纷出动，做了大量的报道。

头脑精明的厂长，敏锐地利用了一次非常糟糕的事件大做文章，没花一分钱的广告费，却让他和他的足球厂名声大振。

这位足球厂厂长在接受记者采访时说:"这位太太与她的丈夫闹离婚，正说明我们厂生产的足球魅力之大，并且她的控词为我厂做了一次绝妙的广告。"自此，这家足球厂的产品销量因此直线上升，成为同行中的"领头羊"。

被告上法庭，是每一个企业都比较头痛的问题，更不用说是如此"无厘头"的原因。处于劣势的足球厂却没有放掉这个让劣势变优势的机会，而是积极地促成它们的转化，让人们在对这起案子"津津乐道"之时也将这家足球厂深深地记在了心里。

正如故事给我们的启示，工作中，劣势与优势是可以相互转化的。只有那些勇于开拓思路、积极寻找方法、谋得有利于发展资源的人，才能成就大业。

优秀的员工往往能够从危机中寻找可以利用的商机，在失利中寻找契机，从而使自己反败为胜。只要思路再灵活一些、方法再得当一些，遇上的麻烦可能会带给你推销自己和企业的机会。

每一个人都有可能成功，但有时就差这么一点点火候，把握好时机，你便走到别人的前面了。

“此路不通”就换个方法

有位科学家做过这样一个实验：把一盆食物放在一个未封闭的护栏前，让鸡和狗去吃。鸡很愚蠢，看见食物，只在护栏前猛扑，结果总是吃不到食物。狗却聪明，它只在护栏前站了一站，便侧身转到护栏后面，结果吃到了食物。

一个简单的故事，却阐释了一个不简单的道理：达到目标的最短距离未必是直线。在遇到问题时，我们基本会以两种方法去解决：以直线方法或以迂回的方法。通常，直线方法是我们的首选，因为我们认为两点之间直线最短。但是，许多问题的求解靠直线方法是难以如愿的，这时，采用迂回思维去观察思考，或许能使问题迎刃而解。

很多人都知道曹冲称象的故事。在称量技术落后的古代，一只大象的重量，谁也无法准确称出。小曹冲非常聪明，他避开了无大秤的正面冲突，想到了把大象装在船上，刻下船在水中的吃水线。再牵下大象，装上同样吃水线的石子。这样，就把称大象的难题，转换成称同样重量的小石子。一把小秤，便把一只大象的重量称出来了。

蒙古族也有一则关于聪明的巴拉甘仓的民间故事。一次，一位财主骑马在路上碰到巴拉甘仓。财主说：“巴拉甘仓，听说你很聪明，你能把我从马上拉下来吗？”巴拉甘仓说：“先生，我不能。但我可以把你从马下拉到马上。”财主马上跳下来，叫巴拉甘仓把他拉上马。巴拉甘仓哈哈大笑：“先生，我这不是把你拉下马了吗？”财主恍然大悟。

这两则故事都说明在我们的生活中，有很多难题看似无法解决，但如果我们采用迂回思维之术，不正面出击，而从侧面或背后出击，便可柳暗花明。

我国著名医学科学家、泌尿外科专家吴阶平讲了一个他父亲的故事。他说，有一次，一位姓盛的人有一批大洋（银圆）要从武汉运往上海。当时，长江一线匪盗猖獗，谁也不敢承接这一任务。盛某人找到吴阶平的父亲。吴父面无难色，很爽快地答应了盛某人的要求。吴父为什么敢于如此爽快地应招？原来吴父是这样做的：他把那批大洋，全部买成洋油，洋油装船运输，就比直接装银圆运输安全多了。洋油运到上海，再换成银圆交给盛某人，问题不就轻而易举地解决了吗？凑巧的是，这批洋油运抵上海时，恰好遇上洋油大涨价，吴父不但把全部银圆安全交给了盛某人，还为其狠赚了一笔。盛某人大喜，要给吴父一些大洋，吴父不受。盛某人便投资帮吴父在上海建立了一个纱厂。

运用迂回思维的基本特点就是避直就曲，通过拐个弯的方法，规避摆在正前方的障碍，走一条看似复杂，却可以尽快到达目的地的曲线。这是迂回思维的智慧，也是迂回思维的魅力所在。

“此路不通”就绕个圈，“这个方法不行”就换个方法，应该成为每个人的生活理念。一个卓越的人，必是一个注重思考、思维灵活的人。当他发现一条路走不通或太挤时，就能够及时转换思路，改变方法，以退为进，寻找一条更加通畅的路。这一点思维特质，是需要我们用心学习的。